Hanada新書 007

超辛口！「日中外交」

山上信吾・石平
Yamagami Shingo & Seki Hei

飛鳥新社

はじめに　石平

この度《たび》、山上信吾元大使と私との対談本が飛鳥新社から刊行されることとなった。

私は今まで日中関係や日本の対中国外交について、多数の書籍や原稿を書き、保守論壇の識者と対談を重ねてきた。こうした経験の中でも、山上さんとの対談は、私自身にとって大変勉強になった、特別なもの、とびきり有益なものとなった。

日中関係や国際問題についていろいろなことを学びながら議論を深めていくのに、山上さんほど有難い相手はいない。まさに「言論人冥利《みょうり》」に尽きる対談であった。

この対談がどれほど有益なものか、山上さんの経歴を一度見ればすぐにわかるだろう。

山上信吾さんは東京大学法学部卒で、一九八四年に外務省に入省。その後、コロンビア大学で国際関係論を専攻し、研鑽《けんさん》を深めてから在米大使館に勤務。在英国大使館公使の要職も務めた。おそらく山上さんはこの間、世界の情報ネットワークの中心地であるワシントンとロンドンから地球を俯瞰《ふかん》する眼を養い、国際政治の深層と底流を見抜く頭脳を鍛えたと思われる。

一方で、彼は在香港領事館に勤務したこともあり、「香港」という絶好の窓口を通して「中国」をつぶさに観察したのであろう。二〇一七年から、山上さんは外務省国際情報統括官を務めて、世界全体での情報収集と分析に辣腕《らつわん》を振るった。

そして外交官人生の集大成は、二〇二〇年からの二年間、日本の駐オーストラリア全権大使を務めたことである。二〇二〇年といえば、ちょうど安倍元首相が提唱した「インド太平洋戦略」が開花して日米豪印連携（クアッド）が始動した年である。

山上さんは、クアッドの重要な一環である豪州に駐在する日本国大使として、この世紀の多国連携の枠組みの定着と強化に大きく貢献したのだ。

ちなみに、クアッドという枠組の最大の目的は覇権主義中国に対する封じ込めだが、そういう意味では山上さんはまさに「対中国」の国際連携構築の最前線で戦った外交官であるとも言えよう。

実際、駐豪大使時代の山上さんの体験談を読んでいると、彼は異国のオーストラリアの地で、中国の「戦狼《せんろう》外交官」たちを相手に一歩も引かない鮮やかな外交戦を展開している。

このような経歴を持った山上さんが、私のような一介《いっかい》の物書きとの対談に応じてくださったことは誠に有難い。私がそれまでに数多く体験した言論人同士の対談とは違い、なにせ日本外交の最前線、国際政治の最前線で実際に戦った、見識高き元ベテラン外交官との対談なのだ。

そして「聞き出し上手」が私の最大の取り柄《とえ》である。実際にこの対談でも、私は山上さんから貴重な分析や体験談をたくさん引き出し、議論を縦横無尽に展開することができたと思う。

この中で私たちは、歴史と現実の両面から「中華帝国」の覇権主義的体質を総括的に分析し、その悪質さと危険性についての警鐘《けいしょう》を鳴らした。また聖徳太子の時代以来の日中関係史を振り返りながら、中国との距離の取り方、中華帝国主義との向き合い方について議論を深めていった。

さらに、日中国交樹立以来の日中関係史を、日本が一方的に中国を助けながらも常に中国に裏切られて叩かれるという「痛恨の関係史」として捉《とら》え、日本の政界と外務省が展開した「媚中《びちゅう》外交」の病巣《びょうそう》に分析のメスを入れ、痛恨の対中国外交史から多くの教訓を汲《く》み取ることができたと自負している。

また、日本と豪州を具体例にして、外国の政界や財界、マスコミに対する中国共産党政権の浸透工作の実態に迫り、それへの対応策を色々と提言した。

次に、安倍晋三元首相が展開した鮮やかな「地球儀外交」への総括を行い、山上さん自身が参画者の一人でもある「自由で開かれたインド太平洋」戦略の歴史的意義について熱っぽく語り合ったうえで、「インド太平洋」戦略の重要さを再確認しながら、それこそが日本にとって突き進むべき道であるとの共通認識に達した。

そして最後に、私たちは日本を憂《うれ》いながらも、明るい未来を開こうとする一心で、日本という国のあり方、日本外交のあり方、そして中国との渡り合い方、中華帝国の覇権主義との戦い方などについて、自分たちなりの渾身《こんしん》の提言・献策を行った。それこそが、この対談の最大の目的であって、日本を愛する私たちが、言論人としての果たす使命である。

以上がこの対談本の概要であるが、対談者の一人として読者の皆様に保証しておきたいのは、本書が読み応えのある、絶対に有益な一冊であること。そして私自身がこの対談から多くのことを学んだのと同様、読者の皆様も本書から多くの収穫を得られることである。

最後に、私との対談に快く応じて下さった山上信吾元大使と、対談を企画して下さった飛鳥新社の皆様に心からの感謝を申し上げたい。そして、この本を手に取っていただいた読者の皆様には、ただひたすら頭を下げて恩恵を申し上げたいところである。

令和六年深秋　石　平

奈良・平城宮跡付近、独楽庵にて

超辛口！「日中外交」◉目次

第二章　中国に共産主義を教えたのは日本だった

第三章　間違いの始まり「日中友好」

第四章　日豪への『目に見えぬ侵略』の実態と対処法

第五章　戦後日本史上画期的だった安倍外交とその対中戦略

序章　深圳日本人男児刺殺事件を引き起こした反日教育と戦狼外交

たしかにあった事件の予兆

石平　二〇二四年九月十八日、中国の深圳《しんせん》で、日本人学校に通う日本人の親子が四十四歳の中国人男性に襲われ、男児が刺されて死亡する事件が起きました。

このニュースに接した時、大変な衝撃を受けたと同時に、犯人に対する強い憤《いきどお》りを感じました。私には十二歳になる息子がいますが、もし息子がこんな目にあったら……と思うだけで、精神的な打撃を受けます。この男児のご両親の無念さを思うと、本当に心が痛みます。

山上　私も本当に大きなショックを受けましたし、何より「なぜこの事件を防げなかったのか」と痛恨の思いがしました。

というのも、予兆があったからです。二〇二四年に起きた、中国にかかわる国内外の事件を並べてみると――、

・四月三日　蘇州《そしゅう》市で、日本人男性が切りつけられて負傷

・五月二十日　呉江浩《ごこうこう》駐日大使が日本と台湾の関係を巡り、中国の分裂に加担すれば「日本の民衆が火のなかに引きずり込まれる」と発言

・五月三十一日　中国人ユーチューバーが靖國神社に落書き、放尿
・六月十日　吉林《きつりん》市の公園で、アメリカ人の大学教員が刃物で刺され負傷
・六月二十四日　蘇州市で、日本人学校のスクールバスが刃物を持った男に襲われ、日本人母子が負傷、止めようとした中国人女性の胡友平《こゆうへい》さんが死亡
・八月十九日　NHKのラジオ国際放送などの中国語ニュースで、中国籍の外部スタッフが、「釣魚島《ちょうぎょとう》（尖閣諸島）は中国の領土」「南京大虐殺を忘れるな」などと、原稿にはない日本政府の公式見解とは異なる不規則発言

これだけ日本を貶《おとし》め、日本人の身体、生命を脅《おびや》かす反日行為、昔の言葉でいえば侮日《ぶにち》行為が続いていた。そして極めつきとして起きたのが、九月の深圳の刺殺事件なのです。

であるにもかかわらず、金杉憲治《かなすぎけんじ》中国大使は蘇州で二回目の事件が起きても、「個人的には、日本人を対象にしたものとは思わない」と何の根拠も示すことなく発言。そして深圳の事件が起きたら、「本当に忸怩《じくじ》たる思いだ」などと言う。こんな無責任な対応はないでしょう。明らかに、この事件は中国という国が責めを負うべき犯罪です。

石平　ご指摘のように、これは決して偶発的な事件だとは思えません。一連の流れのなかで起きています。

私は、事件が起きた九月十八日にまず注目しました。この日は「柳条湖事件《りゅうじょうこ》」が起きた日で、中国にとっては「屈辱を忘れてはならない」という意味で「国恥《こくち》の日」(国辱の日)と呼ばれています。中国では、九一八という並びを見て「国恥」を思い出さない人はいません。

中国の反日教育によって、誰の脳裏にも深く植え付けられています。この日に事件が起きたことは、決して中国政府が行ってきた反日教育と無関係ではない。中国外務省の副報道局長、林剣《りんけん》は「これまでにまとめた情報によると、これは個別な案件です。類似の事件はどの国でも起こり得る」などと言っていましたが、全く無理があります。

山上 上川《かみかわ》陽子外相が中国の王毅外相と会談した際、王毅もこれは「偶発的な個別事案」だと言っていましたが、日本を愚弄《ぐろう》しているとしか思えない説明ぶりでした。

石平 もう一つ、「偶発的事案ではない」と言える理由があります。

日本人学校は中国政府の許可があってできています。中国にいる日本人の子供のためのものです。しかし、この事件の直前まで、中国のネット上では日本人学校への誹謗《ひぼう》中傷、攻撃的な書き込みが氾濫《はんらん》していた。中国政府はそれらを全くデタラメなのだとわかっていながら何の措置、対応もしなかった。

ご存じのように、中国はネットの検閲《けんえつ》大国で、習近平の悪口一つ書いただけで三十分以内に自宅に警察が来るくらいです。そんな国ですから、日本人学校への誹謗中傷、攻撃を意図的に放置していたとしか言いようがない。

日本政府の対応は不十分

山上　石平さんの発言には同意しかなく、一義的な責任は中国にあります。自国の領土において、外国人の安全を確保する責任が中国にあるのは当然のことです。

ただ、そのうえで申し上げれば、日本政府の対応が十分であったかというと、明らかに不十分です。先ほど言ったように、予兆があったのに対応できていなかった。

そして事件が起きたあと、厳正に抗議をして日本人の安全確保を申し入れるべきだったのに、それを高いレベル――すなわち目に見える形――でやった形跡が全くない、当時の岸田総理、そして上川大臣の対応が不十分なのは間違いありません。そういう意味では、日本政府の責任も問われるべきだと思います。

一番気になっているのは、いまだに事実関係が明らかになっていないことです。中国側メディアのみならず、日本側の主要紙すら言論統制をかけられているかのように報じていない。

先日、『ABEMA Prime』に出演した際、朱建栄《しゅけんえい》氏（政治学者、東洋学園大学教授）が驚くべきことに、「この親子の姓は中国名」「殺された時、母親と息子は中国語を話していた」「刺されたのは日本人学校から離れたところだった」と発言したのです。朱氏はあたかも「日本人ではなく中国人が被害にあったのだ」と言わんばかりの説明でしたが、私はその情報を初めて聞いたので「なぜ、そうした情報が日本側に開示されないのか」と問題提起しました。

これは大問題でしょう。「事件の究明を」と日本政府は中国側に求めているけれど、言葉だけで結局は一切されていない。事実関係が全く明らかにされないことはきわめて不自然であり、作為的だと感じます。

石平　朱建栄氏といえば、二〇一三年に上海に行って突然姿を消したことがありましたね。

山上　七カ月間、行方《ゆくえ》をくらまして、その後、日本に戻ってきましたが、その空白期間に一体何があったのかを説明していない。そんな人物をまた大学が迎え入れ、プライムニュースなどが起用しているのは疑問です。

日本社会全体として、インテリジェンスやカウンター・インテリジェンスについての意識が低いことを裏付けているような話です。

反日教育の〝成果〟

石平　事件で明らかになっているのは、犯人が四十四歳の男性だったことで、この一九八〇年生まれというのは一つのカギになります。

一九八九年に天安門事件が起きて、江沢民《こうたくみん》政権が反日教育政策を始めたのが九〇年頃でした。つまり、犯人は十歳から反日教育を受けだしたわけです。小学校で言えば四年生。これより幼ければ意味がわからないし、これより上ならば大人になっているので影響は少ないのですが、十歳はちょうど多感で、一番先生に洗脳されやすい年齢です。自分の息子を見ると、よくわかります(笑)。

そんな時期から反日教育を埋め込まれた人物が、いま日本人にどんな感情を抱いているのかは言うまでもありません。

もう一つの背景として、福島第一原発の処理水放出について、中国政府が「日本が汚染水を放出し、我々の海を汚し、全ての人間の生命を脅かしている」と盛んに喧伝《けんでん》し、反日感情に火をつけていたことも見逃せません。

事程左様に、全ては一連の反日の流れのなかにあり、決して中国政府と無関係ではないことを強調しておくべきでしょう。

山上 なかでも光を当てるべきは、呉江浩駐日大使の「日本の民衆が火のなかに引きずり込まれる」発言です。中国人民にしてみれば、「大使がそこまで言っているのだから」と、いわば〝ゴーサイン〟が出たと思うはずです。

石平 おっしゃるとおり、号令をかけたようなもの。本人にその気があったかどうかは判断できませんが、少なくとも客観的にはそうなったわけです。

山上 もう遅きに失した感はありますが、この発言一つとってみても、好ましからざる人物、ペルソナ・ノン・グラータとして、日本からお引き取りいただくべきです。

逆に中国が日本に説教を

石平 それにしても不可解なのは、中国政府が深圳の事件でも蘇州の事件でも、犯人含めて情報を一切公開していないことです。もし反日と関係のない「偶発的な個別事案」ならば、情報を隠す必要はないはず。同時に、「このような案件はいかなる国でも発生する」とも言っていましたが、それは「防ぎようがない」と開き直ったのと同じで、「再発防止に取り組むつもりは全くない」ということです。

山上　「そのような対応で、今後日本企業は本当に中国に残るとお考えですか」「中国が喉《のど》から手が出るほど欲しい海外からの直接投資が来るとお思いですか」と、日本の首相、外相は中国側に指摘すべきです。「日本人の安全が確保されないのならば、中国で経済活動や投資なんか無理です」と。この経済カードこそが日本にとって対中の最大の切り札であるはずなのに、効果的に使おうとしないのは解せません。

上川さんはこの懸案に解決のめどさえつけることなく外相を退任された際、あたかも大きな業績を残したかのように外務省で盛大な見送りを受けました。それだけならまだしも、外務省の一部の大バカどもはその様子を動画で撮影し、ネットにアップして広報したのです。深圳でお子さんを殺されたご両親が動画を見たらどのような気持ちになったかと思うと、やりきれません。

石平　上川外相が要求した再発防止策や情報公開といったことは、結局、王毅外相に一蹴《いっしゅう》されて終わりました。

私が中国政府に憤懣《ふんまん》を感じるのは、逆に日本側を上から目線で説教してくることです。「日本は冷静になるべき」「この問題を政治化してはならない」。日本語の表現にある「盗人《ぬすっと》猛々《たけだけ》しい」とはまさにこのことですよ。いや、それ以上かも。山上さんから見て、外交の場において、あのような中国の態度はあるものなのでしょうか。

山上 あってはならない話です。そのやり取りを聞いて、「王毅は『すみません』の一言が言えない人なんだな」とXでポストしたら、オーストラリア筋から多大な反響がありました。日本政府もこういった反論をしてほしい、つまり「私たちに説教するのではなく、謝ってくれ」と。

日本の対応が弱すぎる

石平 人民日報に掲載された王毅外相の発言は、お詫びどころか、死者に対する追悼の一言もなく、冷酷なものでした。ある意味で、中国共産党政権の本質が見えますね。

山上 ある財界人に聞いたのですが、日中経済協会関連の会合が東京で開かれ、そこに呉江浩大使が来たそうです。そして事件について、「過ぎた事件は何を言っても仕方がない」と言っていた由《よし》です。ここまで開き直られると、言葉を無くします。

石平 そのセリフは「日本人が殺されたのもしょうがない」と解釈できますよね。

山上 実は、これは中国国民も怒るべきなのです。殺された子供は半分中国人、半分日本人なのですから。それから、蘇州で日本人親子を守ろうとして犠牲になったのは中国人女性。決して日本人だけの事件ではない。それを「過ぎた事件だから」と終わらせようとするのはおかしい。

石平　王毅と上川外相会談は、ある意味で中国外交の本質が見えるものでした。もし日本が劣勢、不利な立場に立たされたら、自分たちにどんな落ち度があったかと振り返り、反省し、お詫びをし、相手と和解して、関係を一歩前進させようとするでしょう。

しかし、中国はどんなに自分たちが不利な立場にあったとしても、いくら落ち度があっても、絶対に非を認めない。まず、これが鉄則です。

そして、自分たちの劣勢を挽回するために、詭弁《きべん》を弄《ろう》してでも相手を叩き、あくまでも相手が悪いのだという構図を作り出し、いつの間にか自分たちが被害者であるかのように振る舞う。今回の日本側に冷静さを求めるのなんて、まさにその典型的な形です。

山上　その観点で申し上げると、中国がそういうやり方をするのであれば、そのやり取りを日本政府は国際社会にちゃんと発信すべきです。そして、中国に「そんなやり方をしていたら、国際社会の信頼を得られるわけがありませんよ」と申し入れをする。これこそが外交のあるべき姿なのに、日本の国際社会に対しての働きかけは極めて弱い。これは今回の事案に限らず、全てにおいて言えます。
振り返ってみると、二〇二二年八月にナンシー・ペロシ米国下院議長が台湾を訪問した際、中国が軍事訓練を行い、日本の排他的経済水域にミサイル五発を撃ち込みました。当時の外務次官、森健良《もりたけお》は駐日中国大使の孔鉉佑《こうげんゆう》に抗議しましたが、なんと対面ではなく電話のみ。

石平　信じられません。

山上　これは外交上、異例中の異例の対応です。史上初めて、わが国のEEZに中国からミサイルが撃ち込まれたんですよ。本来なら、中国大使を外務省に呼びつけて、相手の目を見据《みす》えて抗議し、申し入れをする。事案の性格からすれば、外務次官どころか外務大臣が出てきてもおかしくない。ところが、知中派などと中国人脈を自慢している当時の林芳正外務大臣は出てこなかった。
私はこの時から、岸田政権の対中外交は何かおかしいなと見ていました。中国に対しておっかなびっくりで、強くものを言わない事なかれ対応がずっと続いている。

石平　中国という国は、相手が弱腰だとわかれば、なんぼでも強く出てきて増長します。一つ弱みを見せればきりがない。

山上　日中両方がわかっている石平さんの見立てですから、説得力があります。こういう中国の性格、特徴を日本の政治家、外交官はもっとよく理解しなければいけません。
　これまで話してきたような日本の対応を見てみれば、日本人を狙った一連の事件は、日本政府が〝共犯〟とまでは言わないものの、〝幇助《ほうじょ》〟してしまっていると言ってもいいかもしれません。

中国渡航危険レベルの引き上げを

石平　もう一つ、私が理解に苦しむのは、繰り返しになりますが、二〇二四年に入ってから中国では日本人に対する事件が続いていて、そこには明らかに反日感情がある。しかし、そんな状況にもかかわらず、日本の外務省は、日本人の中国渡航の危険レベルをいまだにゼロのままにしていることです。
　アメリカはレベル3に上げ、周辺の国々でも1、2にしていますが、唯一日本だけゼロ。日本人が、しかも子供が殺されている国だというのに、一体どういう理由でゼロにしているのでしょうか。
山上　法律家としてみると、この状況はアメリカだったら訴訟が起きるでしょうね。「この危険を放置していた政府の職務懈怠《けたい》による責任だ」として。

在留邦人の保護は、在外公館のもっとも大事な仕事です。それをいまの日本国外務省は全うできていないことが、このことからもわかります。

石平　危険レベルの引き上げは、外務省の判断で行うものなのですか。

山上　基本的には外務省の判断によるものですが、なにせ相手は中国。外交的な影響を考えると、外務省の判断を官邸に一度上げるプロセスはあるはずです。

石平　そうすると、事件が起きてもなおレベル0にしているのは、当時の岸田政権がレベル引き上げにブレーキをかけた可能性があると?

日本政府は無為無策

山上　いくつもの事件が起きているのに、全くの無為無策のまま。あくまで推測ではありますが、上のレベルで「中国と事を荒立てるな」「静かにやれ」との圧力があった、と考えるのが自然ではないかと思います。だからこそ、余計に残念です。

岸田政権は一体何を求めていたのか。習近平との首脳会談をしたかったのか、あるいは安倍政権との違いを打ち出したかったのか……。

それはわかりませんが、少なくとも役所だけの判断でここまで動かないことはないと思います。そして外務省出身者としては、ないと信じたい。まだ私と同じような意見は外務省内でも、少数ではありますが残っていますから。

石平　もしそうであれば、岸田政権の政治判断は、極端にいえば、日本国民に対する犯罪そのものですよ。自国民の生命より中国への配慮を大事にしたのですから。これは決して許されるものではない。

山上　その点はきちっと日の光の下《もと》に明らかにして、二度とそういうことを繰り返さないようにすべきですね。しかし、すでに新しい危ない兆《きざ》しが、石破政権で出てきています。

というのも、攻撃的な戦狼《せんろう》外交、大幅な軍備拡張など、中国が提起している戦略的挑戦に最優先で対応すべきなのに、「アジア版ＮＡＴＯ」やら「日米地位協定の改定」など、明後日《あさって》の問題を取り上げて外交政策の目玉としようと企《くわだ》てているからです。ズレているとしか言えない外交感覚なのです。

石平　石破政権になってからも、石破首相は中国の李強首相との会談では事件の原因究明を求めたものの、中国渡航の危険度レベルをいっさい上げないところは、岸田政権と同様です。

事件をうやむやにするな

山上　とにかく、この事件をうやむやにして、何もなかったことにしてはいけません。私が心配しているのは、大東亜戦争戦前・戦中の日中関係を振り返ってみると、あるところまでは日本人は我慢するけど、許容点を超えたら今度は逆にガッと跳《は》ね返る。アメリカとの関係もそうですね。結果、戦争に突入したり、悪い状況に突き進んでしまったりした。

その歴史の教訓を踏まえて、問題が起きた時に感情的にならずに、理性的に、第三者が聞いて納得するような形で申し入れや抗議をすることは、日本の外交官にとって一番必要なことだと思います。それを重ねていくことで、相手にも伝わるだけでなく、「日本政府はちゃんと相手に言ってくれているんだ」と国民のいい意味での〝ガス抜き〟にもなる。

これは、外交を国民の理解と支持を得て展開していくための「いろはのい」だと思いますが、いまの日本の外交にはこうした姿勢は見当たりません。

石平　逆に、中国共産党政権は日本に対して「もうどんなことがあっても大丈夫だろう。問題にならない」と思っている。何せ日本人が殺されても、抗議や反論がこの程度なんですから。

山上　もし東京の中国人学校に通う中国人親子がこのような事件にあったら、中国世論は沸騰するでしょうね。

石平　沸騰どころか、反日暴動がおこるのは間違いありません。そして、日本政府がいくら謝っても中国は許さず、永遠に有利な立場になるべく外交カードとして使い続ける。いまだに戦争中の出来事――それ自体が捏造《ねつぞう》だとしても――を日本叩きに使っているように。

この事件は、中国の国民的な反日感情の根深さを表したものになりました。前述したように、反日教育は江沢民政権で始まり、二〇〇五年の胡錦濤《こきんとう》政権の時には中国国内で反日デモが起きた。しかしこの時は日本人個別には向かわず、企業やテナントなどが破壊されるものでした。

山上　あと、大使館や総領事館ですね。石を投げられた。

石平　ところが、今回は日本人の個人を標的にした。これは大きな違いです。

山上　しかも、抵抗できない十歳の子供を白昼に母親の面前で、内臓が飛び出るほどめった刺しにした、と香港メディアで報じられているくらいですから、残虐性が際立ちます。

石平　習近平政権になってから、反日感情はより攻撃的なものになっています。これは、中国のいわゆる「戦狼外交」と無関係ではありません。なにせ外交官が率先して乱暴で、ならずもの的な態度に出ているんですから、それを見ている国民への影響は大きい。「外交官まであんな態度なんだから、俺たちもやっていい。俺たちはもっと行動で示そう」と思っても不思議ではない。

つまり、中国国民がこれまですりこまれてきた反日感情に、乱暴で攻撃的な心理、姿勢がさらにプラスされた結果、事件へと繋がっていったのではないでしょうか。

外務官僚のEQの低さ

山上　おっしゃるとおりだと思います。江沢民時代からの長年の反日教育という下地があって、それに習近平の下での戦狼外交が加わったことは、本当に大きな分岐点でしょう。

私は一九九〇年代に中国課にいたので、呉江浩のことは若い時から知っていましたが、霞が関によくいる〝お役人〟タイプの受験秀才でした。お行儀よく「日中友好」などと歯の浮くようなことを言っていた男が、あんな好戦的になってしまった変わり身の早さに驚き、ショックを受けました。

秦剛《しんごう》もそうです。十五年近く前にロンドンで一緒に在勤したことがありますが、外交部長に抜擢《ばってき》された彼が林芳正外相に会った際には、年上の林外相をハナから露骨にバカにした態度でした。あの秦剛がこんな態度をとるのか、と驚いたものです。

外交官がこれほど変節するんですから、国民だってそうでしょう。これは、もはや第二の文化大革命と言っていいのではないですか。

石平　たしかにそうかもしれませんね。

山上　前駐中国大使の垂《たるみ》秀夫が、どんなに小さな事件であっても、中国公安省、あるいは中国外務省に対して犯人の逮捕、身柄の拘束を要求するとともに、その引き金となった動画の削除も要求したが、動画の削除について中国当局はほとんど手をつけなかった、と言っていました。

日本政府は全く何もしていなかったわけではない。ちゃんと動いている人もいた。しかし、中国は動かなかった。まず、ここを押さえておくべきです。

しかし、要求しても動かなかったからといって、それでおしまいでは困る。残念なのは、垂大使が働きかけても動かないのなら、外務大臣に上げるべきですし、何なら日中首脳会談で総理から習近平に直接言ってもらうべきだった。

垂は深圳の事件を「いつ起きてもおかしくない状況があった」ともメディアに言ってい

ましたが、親御さんにしてみれば「だったら起きないようにしてほしかった」というのが率直な気持ちでしょう。先ほどの金杉の発言もそうですが、これは心無い言葉によるセカンドレイプならぬ、セカンド殺人です。

石平　中国政府の無責任が起こしたものですが、もう一つは状況がわかっていながら放置していた日本政府の問題です。

山上　ここが多くの外務官僚に見られるEQ（感情を適切に察知し、うまく扱う能力。心の知能指数）の低さです。一般の方々への共感や同情が決定的に欠けている、と改めて思いました。

石平　いまの日本政府、外務省のやっていることを見ると、外交でも何でもないですね。

山上　喧嘩の仕方を知らないんですよ。

石平　あんなヤクザ国家と喧嘩するのは、日本の外務省では無理かもしれません。

山上　ヤクザを任期付きで外務省で雇って、まず喧嘩の仕方から勉強しなおす必要がありますね（笑）。

第一章　中国の覇権主義的体質

相手国と対等になれない中国

石平　国際社会における日本の今後の対外的な最大の課題は「中国とどう対峙《たいじ》していくか」「対中外交をどうしていくべきか」ですが、これを考えるにあたって、もっとも大事なのは中国を知ることです。孫子《そんし》の兵法にある「彼を知り、己《おのれ》を知れば百戦危うからず」ではないですが、対応するすべを考えるにも、まずは相手を知ることから始まります。

改めて、山上さんは中国をどのような国だと見ていますか。

山上　私自身、四十年外務省にいた間、相手としてきたのはアメリカか中国のどちらかでした。経済面での外交政策を担《にな》う北米第二課や、経済局長を務めている際には当然、対米外交が中心でしたが、中国課や香港の総領事館、ロンドン、キャンベラ大使時代や、インテリジェンス担当局長である国際情報統括官を務めていた時には、中国が最も大きな外交課題でした。ですから、私は中国専門家やいわゆる「外務省チャイナスクール」出身ではなく、あえて言えば準チャイナスクールとして外交に携《たずさ》わってきた、といったところでしょうか。

そうした経験からの独断と偏見で言えば「中国は相手国と対等な関係を構築できない

国」という印象です。もっと直接的に言ってしまえば、他の国家との関係が「上下関係」しかない。つまり「対等なパートナーシップを構築できず、相手と比べて自分が上か下かでしか捉《とら》えられない国」というのが私の実感です。

日本との関係を振り返ってみても、一九七二年に国交正常化し、「日中友好」と言い始めた頃の中国は常に〝揉《も》み手〟をして「日本に学びたい」と低姿勢でした。

日本のお金と技術が欲しい、日本経済にあやかりたい、貿易をしたい、日本人に中国へ来てほしい……気持ちのうえでは日本より格上だと思っているけど、あえて格下を演じて協力を得なければ、と考えていた。だから官民ともに〝揉み手〟をしていたわけです。

ところが中国がだんだんと経済成長し、経済力で日本を抜くかどうかとなってきた頃から、明らかに風向きが変わってきました。

石平　日本を抜いて世界第二位の経済大国になったのが、二〇一〇年。

山上　まさにその頃から中国は、「我々は世界第二位で、日本は世界第三位。その上下関係を踏まえたうえで、これにふさわしい言動をせよ」と言わんばかりの態度をとるようになりました。要するに「格下の日本は、格上である我々中国にひれ伏せ」と言っている。これはほとんど手のひら返しの態度でしょう。

私がキャンベラで日本大使として強い姿勢で中国と対峙してきた時も、駐豪中国大使は「いまや中国は世界第二位の経済大国であることを、日本の大使はわかっていない」などと公に述べて批判してきました。

自意識の強さや、国家関係を序列でしか見ることのできない中国の価値観から考えれば、いまの中国は国際社会においてアメリカしか眼中になく、あとはみな自分にひれ伏すべき存在なのです。むろん、日本に対しても同様だと思います。

こうした中国のありようというのは、共産党政権の体質から来るものなのか、それよりももっと根深い、歴史的な中国の性質によるものなのか……。私は両方の要素があるのではないかと思いますが、石平さんはどうお考えですか。

兄貴・スターリンと弟・毛沢東

石平　山上さんがおっしゃったような、中国の対日関係の考え方、つまり上下関係でしか日本と向き合えないという性質はまさしくそのとおり、中国共産党の顕著な特徴であることは間違いありません。しかもこれは対日関係だけではなく、他の国に対しても同様です。たとえばソ連。中国共産党政権ができたのは一九四九年ですが、当時はソ連のスターリン政権からの援助をもらうことで何とか政権を勝ち取った。だから序列で言えばソ連やスターリンがボス・兄貴であり、中国共産党は部下・弟になり、スターリンが亡くなる年までは、毛沢東はすっかりソ連・スターリンの言うなりでした。国内ではあれほど独裁・強権をふるっていた強面《こわもて》の毛沢東も、スターリンの前では借りてきた猫のようにおとなしい様を演じていたのです。

象徴的なのは、建国直後のエピソードです。毛沢東は中華人民共和国を建国すると、すぐにモスクワに飛んでいきましたが、スターリンは毛沢東に対してどんな態度を取ったか。なんとひと月あまりも毛沢東をモスクワの別荘に置き去りにしたまま、面会もせず放置したのです。それでも毛沢東は決して文句の一つも言いませんでした。

ただし、文句を言わなかったのはスターリンが死ぬ一九五三年まで。亡くなったあと、毛沢東は「私がスターリンの別荘に、ひと月も放置されていた間は、やることと言ったら食事と排泄《はいせつ》だけだった。ほかにやることが何もなかった」といかにも毛沢東流の表現で苦々しく振り返っています。

山上　実際は腹に据《す》えかねていたんでしょうねぇ。

石平　一九五〇年に北朝鮮の金日成《キムイルソン》が朝鮮戦争を発動する際にも、金日成はまずスターリンのところへ行って許可を得てから、毛沢東に話を付けに行っています。この順番はまさに共産主義国の序列を表しています。そしてスターリンが「お前ら、一緒に戦え」と言ったからこそ、中国は北朝鮮に付いて韓国とアメリカが率いる国連軍を敵に回して戦うことになりました。

ところが一九五三年にスターリンが死んだ途端に、毛沢東は「俺こそが兄貴分だ」「共産主義陣営では俺のほうが格上だ」と主張するようになり、スターリンの後継となったフルシチョフを見下すようになります。一九五〇年代後半から中ソ関係が悪化したのもこれが原因で、要するに共産主義陣営のボス争いゆえなのです。

陣営のトップになるには経済力の裏付けが必要ですから、毛沢東はそのために大躍進政策を発動したものの、大失敗に終わりました。そしてソ連を敵に回し、経済成長にも失敗した中国が頼ったのがアメリカです。ニクソン政権に手を伸ばし、米中が連携してソ連に対抗しようという外交的転換が起きます。

イギリスに三跪九叩頭《さんききゅうこうとう》の礼を求めるも……

山上 一九七二年のニクソン訪中を受けて、日本も慌てて日中国交正常化を進めることになりました。

石平　毛沢東の死後、指導者の地位に座った鄧小平《とうしょうへい》は、山上さんがご指摘されたように、「自分たちはアジアの最貧国になった」「徹底的に遅れた国家である」ことを自覚し、米ソのみならず日本にも〝揉み手〟をしながら下手《したて》に出るようになります。

一九七八年に初めて日本を訪問した際には、「尖閣問題は棚上げしましょう」と述べ、歴史問題にも一切言及しませんでした。昭和天皇に謁見《えつけん》した際も、自分からは口に出さず、むしろ昭和天皇が歴史に言及されたことを受けて「水に流しましょう」と述べています。徹底的に腰を低くして、下手に出たのです。次の章で徹底的に日中関係について話しますが、まぁ日本人はこういう〝揉み手〟の姿勢に弱いんですわな（笑）。鄧小平は日本の経済力に目をつけていただけなのに、すっかり騙されてしまったんです。

そして二〇一〇年に日中の経済規模が逆転すると、すぐさま手のひらを返して徹底的に上から目線でものを言うようになった。

しかしこれは共産党政権の性質のみに帰《き》するものではありません。より深く長い視点から中国の対外関係、世界観を考えると、中国の伝統的な秩序に対する考え方にたどり着く。要するに華夷《かい》秩序です。

中国大陸では秦《しん》の始皇帝《しこうてい》の時代を経て、前漢王朝の時代には統一の大帝国が作られました。この時には、中華帝国が世界の中心であって、周辺の国々はみな自分たちの子分に過ぎないのであり、そうでなければならない――という価値観が形成されます。これが中国の根本的な対外関係の捉《とら》え方として存続し、後世にまで受け継がれていきます。

たとえば、清《しん》王朝の乾隆帝《けんりゅうてい》の時代に、イギリスの使節団が中国を訪れました。イギリスからすれば単に使節を出しただけだけれど、乾隆帝はこれを朝貢団《ちょうこうだん》だと認識しました。だからこそ、イギリスの使節団に三跪九叩頭《さんききゅうこうとう》の礼を求めたのです。

山上　一度跪《ひざまず》くごとに、三度頭を下げる。これを三度繰り返すというもので、皇帝に対して臣下が取る礼ですね。朝鮮半島の王朝が中国からの使節を迎えるたびにこれをやったことは有名ですが、これをイギリスに強要したと。

石平　当然、イギリス側は拒否しました。イギリスの使節は英国王室に仕《つか》える人たちで、中国皇帝に仕える立場ではありません。自国の国王や女王にすら取らない態度を、清の皇帝に取るわけにはいかない。

そう言われた清側はどうしたのか。

「そもそもイギリス人は人間として進化が未熟であるため、膝を折って跪くことができない」

という理由を作り出して、自分たちのメンツを保った。

近代以前の中国には皇帝、あるいは朝廷のなかに「平等な対外関係」という発想がそもそも存在しません。あくまでも中国は頂点であり、中心でなければならない。近代になってからはアヘン戦争やアロー戦争で英仏にボロ負けし、さらには一八九四年の日清戦争で、これまで下に見てきた「小日本」にも打ち破られました。そこで初めて中国は目が覚めたのですが、すると今度は一転して「我々は弱く、庇護《ひご》を必要とする存在です。助けてください」と列強にすがりだした。

一九八〇年代に「日本に学べ」と言っていた中国がその後、手のひらを返した状況は、実は日清戦争後にも全く逆の位相《いそう》として起きていたこと。中国には「師法東洋《しほうとうよう》」という言葉がありましたが、ここでいう東洋とは日本のことです。「師法」とは、「師として学ぶ」という意味です。

つまり、日清戦争で完敗したのち、日本に頭を下げて教えてもらおうとしたのです。しかしひとたび、自分たちのほうが強くなったと思えば、平気で日本を叩く。蔣介石政権の時にも〝揉み手〟で日本に近づいておきながら、少し情勢が有利になったと思ったら通州事件を起こしています。

中国が増長する危険性が高まっている

山上　中国の自意識には本当に気を付けなければなりません。相手を下に見れば徹底的に攻撃するうえ、調子に乗ると増長する傾向にあります。これは歴史が証明していることで、日本も多少そういう傾向がありますが、中国はその比ではありません。

中国が怖くなるのは、自らを過大評価し、相手を過小評価する時です。こういう時ほど危険なものはありません。そしていままさに、その危険性が高まっているのが台湾海峡です。

中国の価値観において、現状がどう見えているか。二〇二四年末時点でバイデン大統領は高齢で弱々しく言葉も頭の働きも覚束《おぼつか》ない、日本は岸田政権から石破政権に代わりましたが、強いリーダーというイメージからは程遠い。オーストラリアに至っては労働党のなかでも左の政権で、中国を刺激せずに阿諛追従《あゆついしょう》を言うのに汲々《きゅうきゅう》としている。イギリス、フランス、ドイツ、カナダも惨憺《さんたん》たる状況です。昨今の自由主義陣営はどの国も毅然とした強面なイメージがありませんよね。

それを中国が誤解して、「いまならやれる」「いましかない」と思うと、危機のレベルが高まります。だからこそ、我々は中国が自身を過大評価せず、周囲を過小評価することのないようにしなければならない。これが今後の対中関係の基本になるのではないかと思います。

石平　全くご指摘のとおりですね。

自身への過大評価、あるいは中国独自の価値観は我々も子供の頃から教育によって教え込まれてきたことです。

まずその一つは、「力こそすべてである」ということ。つまり歴史教育においても、「かつての中国に力がなかったからこそ、列強に踏みにじられることになった」との教えを子供たちは刷り込まれています。

中国の一般意識のなかでは、ルールや法律とは「存在すれども信頼せず」。「我々に力がなかった頃、いじめられても誰も助けてはくれなかった。誰も正義を主張してくれなかった」という経験から、「だから正義など信頼に値《あたい》せず、力を持つことが全てだ」と考えるのです。

そして、力があるものは何をしてもいい。だからこそ信じられないことに、ロシアがウクライナへの侵略戦争を始めた際には、中国人の大半がロシアを支持しました。彼らの論理からすれば「ウクライナに力がないからやられるのも当然」なのです。実際、大阪の中国総領事もそう言っていますよね。

山上　薛剣《せっけん》駐大阪総領事ですね。下っ端《ぱ》の時代から知っていますが、最近の増長ぶりは目に余ります。

石平　中国にとっては国際法なんて無視するものですから。以前も、南シナ海の海洋法上の権益についてフィリピンと争った際に、国際仲裁裁判所がフィリピンに完全に軍配《ぐんばい》を上げる判断を出したところ、中国側は全く聞く耳を持ちませんでした。

山上　二〇一六年のことで、中国側は「判決など紙屑《かみくず》に過ぎない」と一顧だにしませんでした。国連海洋法条約上、仲裁裁判は法的に拘束力があり、中国を含む締約国《ていやくこく》はこの仲裁判断を受け入れなければなりません。なのに、「紙屑」などとは、およそ責任ある国際社会の一員が口にすべき言葉ではありませんでした。

石平　まさにそれが彼らの本音です。近代史観から生まれたこうした歪《いびつ》な価値観は、中国人の多くの人々に刷り込まれています。

山上　この点は日本人と中国人の決定的な違い、決して交わることのない世界観の違いだと思います。「力がないからやられたんだ」というのは、たとえば先の対戦で広島・長崎に原爆を落とされたのは日本が弱かったからで、日本も原爆を持っていれば落とされなかったという議論になります。

ウクライナについてもそういうことを言う人はいますが、おそらく中国人の議論では当然でしょうが、日本では少数派、ここが決定的な違いです。日本人はこの違いをよく認識しておかないと、今後の中国の出方、ハンドリングを間違えかねません。

「日本を解放するのが中国人民の使命」

石平　教育に関してもう一つ。これは冗談に聞こえると思いますが、我々が中国で小さい頃から教えられたことの一つにこんなものがあります。

「資本主義国家の日本では、抑圧された民衆は食うや食わずの生活をしている。我ら中国の子供たちは、大きくなったら彼らを貧困から解放しなければならない。それが使命であり、革命である」

山上　え……日本を解放、ですか。

石平　はい、それが中国人民の使命だと。

山上　うーん、驚きですが、笑い事ではありませんね。華夷秩序のなかで、すでに内モンゴル、旧満州、チベット等々は〝解放〟の名のもとにみな漢民族に圧迫されて、アイデンティティを失いかけています。中国から日本への人の流れ、浸透ぶりを踏まえると、日本人もそうならないとは限りません。

石平　非常に危険なのは、彼らが少数民族を圧迫する際の口実、大義名分こそが「華夷秩序の復活」なのです。現代版の中華民族というものを持ち出し、「実はチベット族も中華民族の一部なのだ」。だから彼らは「チベット人」「モンゴル人」とは呼ばず「チベット族」「モンゴル族」と呼び、中華民族の一員だとする。

そして「中華民族の一員になるべくしてなったのだ」として、独自の文化やアイデンティティを捨てて、中華民族になることがむしろお前らの幸せなのだ、と刷り込んでいく。この論理は日本人にだって適用は可能なのです。

山上　なるほど、「大和《やまと》民族」だと言えば筋は通りますからね。

石平　そうです。「中華民族の一員になることは幸せなことであるのに、なぜ拒否するのか」と。

山上　大変心配なことに、沖縄はすでにそうした工作のターゲットになっていますよね。

石平　「琉球民族」で、彼らの認識ではすでに中華民族の一員です。

歴代王朝の歴史を振り返っても、中国の皇帝は華夷秩序を形成し、周辺国の上に立たなければならず、そうでなければ国内の統治も正統性を失うという思想です。

要するに中国歴代皇帝の思考は、秦の始皇帝以来、中国自身を統治するものではなく、世界全体を統治できるからこそ、中国の皇帝としての正統性も保たれる、という構造になっています。

山上　まさに「天子」。

石平　だからこそ、世界の全ての国々の民族が、中国皇帝のところに朝貢に来なければならない。朝貢は対外問題ではなく、内政向けの正統性のアピールにもなる。全てを超越した皇帝であることを国内に示すために、周辺国からの朝貢を必要とし、万民に示すことで体制を強化していく。

周辺民族には、華夷秩序の一員にならないという選択肢はない。中国は親、それ以外は子供で、子供は親の言うことを聞かなければならない。親が子供のために良かれと思ってやっていることを、拒否する権利は子供にはない。中国では子供への体罰も当たり前にありますが、チベットやウイグルに対してやっていることも、これに近いところがありますね。「言うことを聞け、聞かないなら叩く」と。いまはチベット人やモンゴル人に向いていますが、これが沖縄県民や日本人に向かないとも限りません。

特に日本に対しては、先ほどからも触れているようなルサンチマンが溜《た》まっています。歴史的経緯から生じる怨念《おんねん》があるなかで、西洋列強にやられたことはまだ「あれは異質の文明だから仕方なかった」と解釈できますが、日本に対してはそうはいかない。「俺たちよりも劣った、格下の日本。文化を教えてやったのは俺たちなのに、突然強くなって俺たちに噛みついた。許せない」と。この恨みは骨髄まで達しています。

昔の中国帝国には鷹揚さがあった

山上　もう一つ指摘すべきは——誇り高い日本人はあまり言いたがりませんが——中国には日本に対する一種のレイシズムが存在するのではないかという点です。

序章で触れた日本人学校の生徒を狙った事件や、中国のインターネット上に出回っている日本、特に日本女性に対する蔑視《べっし》の書き込みや動画を見る限り、日本に対するレイシズムが存在することは否定できません。

中国には「日本人には組織力はあるけれど、一人だとどうにも弱い」というステレオタイプに近い受け止め方がありますよね。日本に留学していた数々の中国人もそうした感慨を述べていましたし、もともとは客家《ハッカ》出身であるシンガポールのリー・クアンユーも回想録で述べている点です。

石平　「日本人は一人だと豚に過ぎないが、三人だと龍になる」という表現があります。「中国人は一人なら龍だが、三人集まると豚になる」というのもありますが(笑)。

山上　日本人が個人として弱い、一対一だと負けてしまう、というのは実際、政治家や外交官を見ればわかるのでそうした一面はあるのですが、そうした蔑視は一種のレイシズムの延長にあるものだと思います。

石平　それは重要なご指摘で、近代以前の華夷秩序によって、自分たちのほうが本来、人《じん》品骨柄《ぴんこつがら》も国の格も上なのだという発想は、いまも残っているでしょう。

ただ、昔の中華帝国の時代、少なくともアヘン戦争までは、中国人は自分たちが世界の頂点に立っていると信じて疑わず自信満々でした。その自信は鷹揚《おうよう》さとも繋がる部分があった。つまり余裕があったんです。中華王朝がよくやっていたことに、小さい国が朝貢に来ると、相手は鶏を何匹かしか持ってこなくても、王朝側は金や銀を大量に渡していた。つまり大人《たいじん》ぶって余裕を見せつけることがありました。

ところが、いまの中国は「昔は俺たちが格上だったのに、近代になってからは日本を含む列強に徹底的にいじめられた」。そこから生じるコンプレックス、ルサンチマン、被害感情はすさまじいものがあります。これが屈折した感情を産んでおり、優越感とコンプレックスが混在していて、鷹揚さは皆無です。

特に日本に対してはそうですよ。たしかに経済力では日本を抜いたけれど、実の部分では何も日本に及ばない。そのことは彼ら自身もわかっているんです。

山上　それを聞いて、少し安心するところもあります(笑)。

石平　ところが、だからこそ余計に日本が憎いんです。現在の中国はかつての中華帝国の華夷秩序的な価値観を持ち続けながら鷹揚さは失っている国。昔の帝国が持つことはなかったコンプレックスやルサンチマンを持つことになったので、余計に質《たち》が悪いのです。

中国人が抱くルサンチマン

山上　中国人が抱くルサンチマンについては、私も外交官生活のなかで実際に経験したことがあります。

駆け出しの外交官としてワシントンの大使館にいた頃に、当時の家内(前妻)が近くの大学に通っており、各国の友人ができたからと家に招待したことがありました。そのうちの一人が中国人男性で、家内を気に入っていたのか、自分で描いた家内の肖像画を手土産に持ってきたのです。

これには驚いたのですが、それだけではありません。ホームパーティーが始まって二時間ほどが経った頃、そろそろお開きの時間だなと思った私は、「ちょっと外に散歩に出ましょうか」とみんなに声をかけたのです。するとその中国人男性が突然怒りだして、「まだわずかな時間しか経っていないのに、自分たちを家から追い出す気か」と突っかかってきた。後にも先にもこんなことは初めてで、強いショックを受けました。

石平　そのお話は中国人の対日観だけでなく、すべてに対して通じる象徴的なものです。

つまり彼らは「他者から軽蔑される」ことに過剰なまでに敏感で、恐れているのです。自分のことは自分で守らなければ、誰かが自分を邪険に扱う。上から圧《お》されないためには、こちらから強く出なければならない。そうでなければひどい目に遭う……という恐怖を、常に抱いている。だから中国人は怒りっぽいんですよ。

特に日本に対するヒステリーは、近年強まる一方です。最近、私の故郷の成都《せいと》で信じられないような事件が起きました。公園にいた中国人の男性が他の人たちから袋叩きにされたのですが、その理由は何かと言えば、下駄を履《は》いていたから。「日本の下駄を履くなんて、我々を侮辱するつもりか」と。たったそれだけのことが許せないほど、ヒステリックになっています。

あるいは中国で有名なミネラルウォーターのブランド「農夫山泉」が商品のペットボトルの蓋《ふた》を赤い色にしていたところ、「蓋を外して白い四角い紙に載せて写真を撮ったら、日の丸に見える」という理由で不買運動が起きました。

山上　それはもう言いがかりでしかない！　上海の森ビルのデザインがかつて中国側から問題視されたのと同根の問題ですね。

石平　私も漢民族の出身ですが、こうした中国のヒステリーを見ると情けなくなります。多少なりとも自分に自信を持つ人間であれば、こんなヒステリーは起こしません。「ペットボトルの蓋を白い紙の上に置いたら日の丸に見える」なんて理由でヒステリーを起こしている中国社会を見ていると、国全体がコンプレックスとルサンチマンの塊《かたまり》になっているとしか思えません。

恐ろしいことに、こうした中国人のルサンチマンは、実は第二次世界大戦前のドイツの状況に似ています。ドイツは第一次大戦でボロ負けして、当時の彼らは「各国からいじめられたことで強いドイツとしての誇りも立場も失った」ととらえていました。そうした世界観から生まれて来たのが、ヒトラーでありナチスです。彼らは「ゲルマン民族の誇りを取り戻す」とルサンチマンを成長の糧《かて》にした。

中国共産党も全く同じで、特に習近平政権になってからはその流れが顕著に表れています。「我々は列強に散々いじめられて、格下の存在に追いやられた。いまこそ復讐し、栄光を取り戻すべきだ」として、その論理を政権の正当化の最も大きな根拠にしています。

逆に言えば、このルサンチマンがなければ政権が成り立たず、国民から支持が得られない。むしろ国民を代弁する形で、政府が発散している。習近平の唱える「中華民族の復興」「中華民族の夢」とは、歴史の屈辱を清算したうえで、過去の栄光ある地位を取り戻すことなのです。

その原動力になっているのは復讐心ですから、復讐に当たることであれば何をしても構わない。それが現在の中国を理解するうえで最も重要な要素であり、中国の最も恐れるべき要素だと思います。

すでに日本に浸透している中国共産党の統治

山上　中国がそうした心理を抱いた状況で、経済力や軍事力を蓄えていることはやはり脅威です。二〇二二年の末に日本政府が新たに打ち出した国家安全保障戦略で、中国の軍備増強や対外的な攻撃姿勢を「かつてない、最大の戦略的挑戦」と位置付けたことは、重要なポイントになります。

石平 その位置付けは当然でしょう。日本に恨み骨髄であり、それを政権の正統性の核に据《す》えている国が、国際法を無視し、核兵器を持ち、軍備を増強しているんですから。そんな帝国が日本の隣にあるなんて、最悪です。

山上 これまでの日本の安全保障上の脅威は旧ソ連であり、核兵器やミサイル開発の面では北朝鮮でした。しかしいまや、中国共産党が最大の脅威となってきた。

ある意味で自然な流れではありますが、しかし旧ソ連とは比較にならない、はるかに恐るべき脅威であることをここで改めて指摘、強調しておきたい。何よりも怖いのは、そのことを日本社会、あるいは与党の政治家でさえ、本来の意味では全く理解できていないことです。

もちろん旧ソ連にも警戒すべきところは多々ありました。たとえばイデオロギーの浸透力は非常に強く、共産主義、マルクス・レーニン主義を日本社会に深く浸透させ、エリート層はもちろん、旧陸軍にも赤く染まった人たちが大勢いた。読売新聞のオーナーである渡邉恒雄氏が学生時代に共産党に染まっていたように、メディア関係者にも浸透するような、魅惑の力を持っていたことはたしかです。

一方、中国の力はソ連のものとは全く違います。ソビエト共産主義は資本主義と対極の、川で言えば向こう岸にあるものであり、こちら側に浸透してきていたというイメージですが、中国共産党の統治はもはや日本の体制の隅々まで入り込んでいる。経済関係、政治関係、人脈……あらゆるところにすでに浸透されていることを前提として、その重大性を認識しなければ、日本は中国による安全保障上の脅威に対して、有効な手を打つことはできないのではないでしょうか。

石平　中国が旧ソ連と決定的に違うのは、ソ連は社会主義国の兄貴分として西側とは別の世界を作り出し、資本主義国と対峙しようとした。一方、中国はサプライチェーン一つとっても、すでに分離できない状況で東側、西側問わず関係を深めている点にあります。

中国は膨張し続けても、崩壊しても困る存在

山上　もう一つ、インテリジェンスの視点から言うと、日本特有の問題もあります。

私がインテリジェンス担当の局長をしていた頃に、ファイブ・アイズ（米、英、豪、カ

ナダ、ニュージーランドの五カ国で構成する機密情報共有の枠組み）の連中から一般論として言われたのは「日本が持っている中国関連のインテリジェンス情報が欲しい」でした。

なぜかというと、日本人は中国社会に溶け込みやすい。肌の色も一緒だし、背格好も似ていて、歴史も相当部分を共有している。漢字も読める。一方、ファイブ・アイズの一角であるイギリスの諜報《ちょうほう》機関ＭＩ６に言わせれば、彼らが中国社会に入り込むのは非常に困難。これはＭＩ６の通史にも書かれています。ＭＩ６はソ連、その後のロシアや東欧では確固たる成功を収めたけれど、アジアに浸透することはできなかった。だから日本に期待している、日本が持っている情報が欲しいのだ、ということなのです。

これはもちろん、日本もファイブ・アイズに加入してシックス・アイズを組織しようというようなものではありませんが、なるほどと思って話を聞いていました。しかし、これは裏を返せば中国人も日本社会に浸透しやすいことを意味しています。

石平　そりゃそうですよね、中国人は顔が日本人に似ているし、もともと中国発祥の漢字を使っているし（笑）。

山上　実際、財界はもちろん、政界、メディア、官界にも中国人は浸透しています。外務省だって他人事《ひとごと》ではありません。しかし日本社会にはそれに対する危機意識が全くない。

これが一番の問題です。

もし中国に門戸を開いて、数十万人、数百万人という単位の中国人が日本社会にやって来たらどうなるか。大変深刻な問題です。これはベトナムの友人も、「もし中国が中央集権でグリップが利《き》かなくなって分裂したら、ベトナムに逃げてくる華人が増える。そんなことになればベトナムは大迷惑を被《こうむ》る」と心配していました。

石平　仮に中国共産党政権が崩壊した場合、大混乱に陥《おちい》るでしょうね。中国では歴史的に、大陸で内乱が起きれば人々は〝外〟へ逃げ出します。中原《ちゅうげん》地域が大乱になった際に南へ逃げた人たちが現在、広東省に住む客家人のルーツです。

近代になってからは、内戦が起きると多くの人たちは東南アジアに下りました。そのため中国では「下南洋」(南洋に下る）という言葉があり、マレーシアやシンガポールには華人の系統の人たちが多い。

幸い、以前は東シナ海を渡る手段を一般庶民は持ちませんでしたが、いまはそうではありません。中国共産党政権が倒れた時に、周囲に逃げる中国人が海を渡って日本へやってくる可能性も考えなければなりません。その時、日本政府が彼らを追い返せるとは思えません。

山上　我々日本は文明社会であり、法治国家であり、民主主義国家ですからね。

石平　距離的には狭い東シナ海を隔《へだ》てただけで、東京から上海までは二時間かかりません。十三億人の暮らす中国から、ごく一部でも日本にどっと押し寄せたらどうなるか。日本の政治家や外交官にはこの危機感が決定的に欠けています。

中国は中華帝国のまま膨張・巨大化し続けても困る一方、崩壊しても困る存在なのです。

さらに、日中を比較しても、一方は国際法を無視する国、一方は国際法のみならず、人道的な価値をも重んじる国。そうした両方の性質が、有事にどのような影響を及ぼすか、把握しておかなければなりません。

第二章　中国に共産主義を教えたのは日本だった

聖徳太子の手紙で王朝が滅びた

石平　中国が古代から華夷《かい》秩序に基づいて周辺国を自分の足元に跪《ひざまず》かせてきたなか、日本は他のどこよりも早くこの秩序から抜け出しました。実に聖徳太子の頃から独立の立場を取り、中国大陸との関係を近づけたり、遠ざけたりとその時々に応じて管理してきた歴史があります。

山上　〈日出処《ひいずるところ》の天子、書を日没する処の天子に致す。つつがなきや〉

六〇七年に聖徳太子が隋《ずい》の皇帝に送った国書からは、日本人としてのプライド、華夷秩序に飲み込まれまいとする矜持《きょうじ》を感じます。日本はもう一度、この矜持を想起すべきでしょう。

石平　この聖徳太子の書は、いわば日本の独立宣言ですからね。タイミングもばっちりで、隋王朝としては高句麗《こうくり》征伐を遂行している最中であり、日本を味方につけたほうがいいと考えていたのでしょう。一方の聖徳太子もそうした状況を見越して、独立宣言を打ち出した。聖徳太子の見識と胆力を、いまの政治家も見習ってもらいたいものです。

日本側からはさらに翌年にも「東天皇敬白西皇帝」（東の天皇が敬《うやま》いて西の皇帝に白《もう》す）と、本来、中国の皇帝一人にしか許されない「皇」の字が並び立つ書を日本から隋に送り付けています。

隋王朝は親子二代で滅びましたが、実はその理由の一つに華夷秩序の構築の失敗があげられます。朝鮮半島の高句麗に四度出兵していずれも敗北したことはもちろんですが、この聖徳太子の国書もその一つで、隋王朝のメンツが丸つぶれになったうえに、王朝の正統性が失われることになったのです。彼ら隋王朝からすれば、野蛮な国にわざわざ丁寧な手紙を出してやったのに、相手から天子様と敬われることもなく、「俺とお前は同等だ」という内容の文書を突き返された。

これが、王朝が滅びる遠因の一つになったことは間違いありません。

山上　まさに「歴史に学べ」。いかにして中国と適切な距離を取るかが、日本の生存戦略において大変重要な要素だったということです。だからこそすべての人にまず言いたいのは、石平さんの『なぜ中国から離れると日本はうまくいくのか』（ＰＨＰ新書）を読め、と。

石平　ありがとうございます（笑）。

「中国との距離の取り方」に苦労してきた日本

山上　本書は山本七平賞を受賞されていますが、中国とかかわるすべての日本人が読むべき名著です。あの内容には全面的に大賛成で、いま言ったような「中国との距離の取り方」について、日本人がいかに古《いにしえ》の時代から苦労してきたかが書かれています。

聖徳太子に始まって、北条時宗《ほうじょうときむね》のように元寇《げんこう》を排除すべく勇敢に戦った者もいれば、一方で中国に阿《おもね》り近づき、自ら冊封《さくほう》体制に組み込まれることを望んだ者もいる。たとえば日明《にちみん》貿易を行った足利義満《あしかがよしみつ》は短命政権に終わったし、大陸を征服しようとして政権の命運を縮めた豊臣秀吉もそうですね。友好だけでなく、進攻・侵略という形でのかかわり方も日本にとっては問題が多い。ずるずると中国大陸に深入りしていった大日本帝国の戦前の歴史を見てもそうです。

石平　中国と距離を取ったことが奏功した時代もあります。平安時代には、遣唐使《けんとうし》を停止して中国大陸と距離を取るようになります。以降、二百年あまり大陸とは没交渉となりますが、その間、日本国内では国風文化が確立し、安定と繁栄の時代がやってきました。

また、江戸時代に対しても様々な評価はありますが、江戸幕府の対大陸政策が奏功したからこそ、二百六十年の天下泰平を築くことができ、日本の伝統文化の底力や土台を作り上げることができました。

山上　実は江戸時代を最も高く評価していたアメリカ人のうちの一人が、エドウィン・ライシャワーです。彼が書いた『The Japanese』という一昔前のベストセラーでは、戦後の日本が驚異的な発展を遂げた理由の根源を江戸時代に求めています。現代日本に通じるまでの文化が爛熟《らんじゅく》し、インフラが整備されたのはこの時代だったのだと。

石平　まさにその土台があったからこそ、日本は明治時代の大変革を起こすことができたのです。

明治初期には脱亜入欧《だつあにゅうおう》として、「アジアの悪友」に別れを告げて、西洋に近づくという戦略を取りました。国づくりも、経済も、国際戦略上もそうです。これらは実に時宜《じぎ》を得たものでした。そして中国には深入りせず、「脱亜入欧」に加え、文字どおりの「敬遠中国」（中国を敬いつつ遠ざける）路線を貫いていました。

山上　現代日本は、聖徳太子に加えて福澤諭吉にも学ばなければなりません。脱亜入欧を唱えたときの福澤先生は、同時に〈われは心においてアジア東方の悪友を謝絶するものなり〉とも述べています。

つまり、「中国人と朝鮮人は謝絶すべき悪友である」という意味で、現代でそのまま英訳するとレイシストと言われかねないのですが（笑）、ここには深い含蓄《がんちく》が込められている。その後の日本の歴史を見ても、やはり福澤諭吉に先見の明があったと言わざるを得ません。

石平　私が最も近代の日本と東アジアにおいて大きな出来事だったと思うのは、清朝《しん》との関係です。

山上　おっしゃるとおりです。日本と清の関係というと、一足飛《いっそくと》びに一八九四年の日清戦争の話に行きがちなのですが、実は日本を先に威圧してきたのは清朝でした。

一八八六年に清朝が北洋艦隊を長崎港に送り込み、水兵たちが長崎の地で乱暴狼藉《らんぼうろうぜき》を働いた。日本の警察のみならず、市民にまで負傷者が出ました。まさに砲艦外交そのもので、当時の清は日本の国力を過小評価し、自国の力を過大評価していたのです。

白村江の敵を日清戦争で取った

石平　相手の力を見誤ることで戦争が起きるという事例は、世界史においても何度も繰り返されていますからね。

日清戦争から遡《さかのぼ》ること一千年以上前の推古《すいこ》朝のあと、日本は朝鮮半島で唐《とう》王朝と交戦しています。これが白村江《はくすきのえ》の闘いで、日本は百済《くだら》を助けるため、つまり華夷秩序に飲み込まれんとする百済を助けるために、派兵して闘った。この時は残念ながら負けましたが、日清戦争に勝ったことで朝鮮の独立が成った。ここで、ある意味で日本が白村江の敵《かたき》を取ったともとらえられます。「江戸の敵を長崎で取る」ならぬ、「白村江の敵を日清戦争で取った」。

私は日清戦争の講和条約が結ばれた料亭「春帆楼《しゅんぱんろう》」、日清講和記念館にも行き、複製ですが飾ってあった調印書も見ました。その第一条にはこう書かれています。

〈清国は朝鮮国が完全無欠なる独立自主の国であることを確認し、独立自主を損害するような朝鮮国から清国に対する貢・献上・典礼等は永遠に廃止する〉

つまり日本についてでも清についてでもなく、朝鮮の独立、華夷秩序からの離脱についてでした。

講和条約締結の翌日、朝鮮でも動きがあった。ソウルの郊外には中国の皇帝を出迎えるための「迎恩門《ヨンウンムン》」があるのですが、これを破壊した。中国は日清戦争を近代の転落の歴史の一つとして語りますが、私からすれば講和条約締結こそが、華夷秩序が完全に崩壊した瞬間だったと考えています。

その前には、イギリスなどの列強が中国に対して不平等条約や市場参入、治外法権などを認めさせますが、彼らはアジアの国々ではありませんから、華夷秩序そのものには無関心です。

一方、日清戦争の講和条約は本来、華夷秩序の及ぶべき国である日本が、その外側から内側にいた朝鮮を独立させたのですから、華夷秩序の破壊、そのとどめの一撃になったことは間違いありません。だからこそ、中国は日本に対する恨み骨髄なのです。

実際、清の統治には変化が出てきます。「日本に学ばなければならない」と考えるようになり、明治維新の日本を手本にした動き、中国版の富国強兵政策が大陸で見られるようになりました。

たとえば、「変法運動」がその一つです。イギリスとのアヘン戦争敗北後から清は洋務運動と称して国内産業などの近代化を図ろうとしてきましたが、政治体制はそのままだったため、限界があった。そのうえ、さらに日清戦争でも負けたため、変法運動として「日本の近代化に学べ」とやり始めました。

西洋文明は日本経由で中国に入ってきた

山上　「変法自強運動」とも言いますね。その頃、日本に学ぼうと孫文、蔣介石、魯迅《ろじん》などが日本にやってきました。

魯迅はいみじくも「中国人は指と指の間から零《こぼ》れ落ちる砂のようだ」と書いていますが、

裏を返せば日本人の団結力、一丸となる結集力がまぶしく見えたのでしょう。これはいまの中国の指導者にも思い返してもらいたいところですが……。

石平　魯迅は『阿Q正伝《あきゅうせいでん》』でも、一部の中国人の性質について〈彼らは羊であると同時に凶獣である。自分より凶暴な獣に会ったら羊のようになり、自分より弱い羊を見たときは凶獣のようになる〉と分析しています。

中国人留学生が日本に大量にやってきたのは明治・清末の頃で、当時東京だけでも十万人以上が来日したと言われています。実際、中国で近代革命を起こすのはだいたい日本留学経験者で、孫文はもちろん、汪兆銘《おうちょうめい》も日本を本拠地にしていました。しかもそうした留学生の多くは、本書を出版している飛鳥新社がある神田・神保町《じんぼうちょう》付近にいたのです。

山上　だからいまでも神保町には中華料理屋が多い。中国関連書籍に強い古本屋もありますよね。

石平　孫文は大陸で革命を起こし、失敗したら日本に来てお金をもらって英気を養い、再び中国に行って革命を起こす、というサイクルを繰り返していました。

こうした日本留学組が有識者、学識者のなかに増えていき、中華民国建国時点で、国会議員の三分の二以上が日本留学組で占められていたほどです。

山上　その話を聞いて思い出したのは、私が中国課にいた江沢民《こうたくみん》時代のことです。江沢民が当時、日本の総理に会うたびに口にしていたのは「西洋文明は日本を経由して中国に入ってきた」という話です。

たとえば、フランス革命を描いたヴィクトル・ユーゴーの『レ・ミゼラブル』。この作品はフランス語で書かれ、日本語に訳されたのちに、邦訳を漢訳する形で中国に入りました。中国にとって、当時の日本が西洋社会、国際社会に接するための窓口になっていたのです。

石平　当時の清の学者や学生たちからすれば、西洋に行って西洋文明を学ぶよりも、日本にすでに移植されて漢字が使われる日本語に翻訳したものを取り入れるほうが早かった。

そうやって民主主義も学んだはずなのですが、同時に共産主義も学んでしまった。つまり、残念ながら、中国に共産主義を教えたのは日本なんですよ！　日本が中国にやった最大の悪事は、共産主義を教えたことなのです！（笑）。

山上　これはなかなか歴史的に根深い問題ですね（笑）。

石平　しかも当時の早稲田大学が共産主義の一つの拠点になっていて、中国共産党の創始者である陳独秀《ちんどくしゅう》は早稲田大学（当時の名称は東京専門学校）で共産主義を学んで、中国に持ち帰って広げたのです。

一方、日本は明治初期こそ脱亜入欧で中国との距離を取っていたのですが、日清・日露戦争後は中国と密接な関係を持つようになり、昭和になって中国進出をやり過ぎたために、結果的には大日本帝国破滅の道に繋がっていきます。

幻に過ぎなかったアジア主義

山上　中国と適切な距離を取る難しさがここにあります。距離を取りすぎる、たとえば国交断絶になれば、中国が持っているものを日本が活かすことができない。現在の話で言えば、やはり中国市場の世界に類を見ない大きさや豊富で安価で一定の質を有する労働力は、中国大陸に出ていかなければ活用できない面がある。

しかし近づきすぎてしまうとヤケドをするし、中国一本足打法では威圧にさらされ易く、そのうち立ち行かなくなるのは目に見えている。戦前戦中の日本は、いわば中国にのめり込みすぎた。国家の戦略の分かれ目で選択を間違えた、ということですね。

石平　大正・昭和になるとアジア主義が台頭してきて、やはり距離を詰める方向に進みました。第一次大戦勃発《ぼっぱつ》の際、陸軍のドンだった山縣有朋《やまがたありとも》はこう言っています。

「今日の世界政治の重要な動因は人種闘争であるから、西洋諸国が戦後再び極東に関心を注ぐようになる。そうすると白人種が提携してアジア人に立ち向かうようになる。したがってわが国としては白人種の将来の構成に備えて、日中の提携をこの際、固めなければならない」

当時のアジア主義は、国際社会には白人による「人種闘争」があり、だから蔑視《べっし》されている人種である東洋人として連携しなければならないという認識に基づいていました。しかし、そもそも「白人の襲来」は杞憂《きゆう》であり、アジア主義は幻に過ぎなかったのです。

山上　いまの話で言えば、アジア主義は石破茂氏が総理になるやアメリカのシンクタンクのサイトで発表した「アジア版NATO」に匹敵《ひってき》する底の浅さがあります（後述）。

また、国交正常化以降日本が重んじてきた「日中友好」の害悪については次章で詳しく扱いますが、これも「アジア主義」からの流れを汲むものですよね。

日本の中国人学者が「日中友好」という言葉が登場する前によく使っていたのが「同文同種」や「一衣帯水」でした。元をたどればこれらはアジア主義そのもの。こうしたスローガンに日本は非常に弱い。

石平　その意味では、戦後の日本も、戦前の大日本帝国も、対中姿勢、中国観という点では実はあまり変わらないんですよね。

山上　全くそのとおりで、「八紘一宇《はっこういちう》」の世界です（笑）。

石平　日中連携こそが、日本に不幸をもたらす。同文同種と言っても、中国共産党誕生以降は同じ漢字すら使っていません。正しい漢字を中国大陸はもう捨ててしまいましたからね。

日中間にはたしかに文化的に共通の要素はありますが、文明は全く違う。日本文明はむしろヨーロッパ文明に類似するところがあり、たとえば封建《ほうけん》制に関しても、江戸時代のそれは中世ヨーロッパの制度に類似するところがある。だから日本は明治になって「脱亜入欧」できる下地が元々あったとも言えます。

にもかかわらず、アジア主義が戦前まで受け継がれ、形を変えながら戦後の日本にも影響を及ぼしている。鳩山由紀夫首相も東アジア共同体なんて夢物語を口にしていましたが、これはまさにアジア主義の変型版でしょう。日本と中国は文明そのものが違うのであり、「東洋文明」なるものは幻想であることを認識すべきです。

大東亜戦争の主題は中国だった

山上　歴史を勉強し、外交の最前線に立って最も強く感じるのは、大東亜戦争は詰まるところ、中国との対峙《たいじ》だということです。

日本人は戦後、太平洋戦争という呼称を押し付けられたためにどうも先の戦争は日米戦争がメインであるかのようにとらえています。実際、真珠湾攻撃の相手はアメリカですし、東京大空襲も広島・長崎の原爆投下を行ったのもアメリカではあるのですが、「日米が太平洋を舞台に戦った」というナラティブは歴史を見誤らせかねないのではないかと考えます。

虚心坦懐《きょしんたんかい》に歴史を振り返ってみると、先の大戦は中国をめぐる日米の対立であることに間違いはないのです。

石平　全くおっしゃるとおりで、一九四一年の日米の交渉も、日本の中国進出を取りやめて撤退するか否かで決裂しています。

山上　大東亜戦争の主題は中国だった——これを日本人は改めて勉強し直さないと、再び同じ過ちを繰り返しかねません。

石平　もし中国問題がなければ、日米はあれほどの敵対関係になる必要はなかったんですよね。

山上　当時もいまも、日本人の大勢はアメリカに対して好意を持っているんですよ。これはこれで少し情けない面もありますが……。

石平　明治期には脱亜入欧を実践し、アメリカ向けの輸出で国力を蓄えることができた。しかし大正から昭和にかけての日本はアメリカとの関係よりも中国を取ったために、破滅の道をたどることになった。そうした選択においては、アジア主義的な夢物語も一因となっていたのです。

「中国とは一つになれない、なるべきではない」ことが大前提にならないと、これから先も必ず間違いが起きます。

山上　アジアはいまのヨーロッパと違って、民主主義、人権尊重や法の支配などの基本的価値が共有されているわけではなく、いわば魑魅魍魎《ちみもうりょう》が跳梁跋扈《ちょうりょうばっこ》する複雑な地域ですから。「欧州と同じようにやれる」などと考えると大きな間違いで、再び大ヤケドしかねませんね。

石平　アジアと歩調を合わせて、欧米に対抗するのが日本の道ではないことを、肝《きも》に銘《めい》じなければなりません。

ドライなイギリス人、ウェットな日本人

山上　明治時代はもちろん、大東亜戦争に至る前の日本もそのことを理解していたはずな

んですが。

石平　たとえば、日露戦争ではイギリスと手を組んでロシアを打ち負かしました。あの大局観、戦略は見上げたものがあります。

山上　私は十五年ほど前、ロンドンで三年ほど勤務していました。この時、嫌というほど思い知ったのは、イギリス人の国際感覚です。

日本ではいまでも日英同盟について郷愁をもって語る人が絶えませんが、イギリス人は日本専門家以外はほとんど忘れているんですよ。

石平　え、本当ですか。

山上　イギリスにとっての同盟国とは、その時々の戦略や国際事情において最も都合のいい相手、というだけのことなんです。

日英同盟は一九〇二年から一九二三年まで、実に二十年と六カ月続き、第一次大戦後のパリ講和会議、ワシントン会議を経て解消されます。「あの時代は良かったですね」などと日英同盟をノスタルジーたっぷりに語る日本人を、イギリス人は宇宙人を見るような目で見ています。これは日本人が持つナイーブさを示すエピソードでもあります。このナイーブさをイギリス人は笑っています。

石平　なるほど、そのドライさはイギリス人の強さでもありますよね。国際情勢の変化、地政学的情勢に合わせて、同盟国を選ぶ。

山上　いまも日本人は、アメリカの同盟国であるイギリスを、準同盟国であり、大事な戦略上のパートナーだと思っている人が多いと思います。しかし一方のイギリス人はどう見ているか。

二〇二四年に靖國神社の宮司《ぐうじ》に就任した海上自衛隊出身の大塚海夫《うみお》さんは、海自でも日の当たる道を歩んだエースで、自衛隊退官後はジブチ大使を務めた人物。戦後、自衛官が大使を務めた最初の例です。英語のみならず仏語にも秀《ひい》でており、外交官以上に外交官らしい風貌《ふうぼう》、身のこなし、能力の持ち主で、防衛省情報本部長を務めた際には、私がインテリジェンス担当局長の国際情報統括官をしており、私のカウンターパートでもありました。

海上自衛隊と英国海軍との伝統的な繋がりもあり、彼はイギリスとの付き合いも緊密で、現役時代も深く交流してきました。靖國の宮司になったあと、国際社会の靖國に対する誤解を解き、正しい理解を広めようと活発に動いているのはさすがです。すでに、ウクライナ大使をはじめ、少なくない国の駐日大使が靖國に参拝するようになったのも大塚宮司の活躍があってのものです。

ところが、東京にいる旧知のイギリス大使を昼食に誘ったら、「NO」「あなたのいまのお立場ではお会いできません」と一蹴《いっしゅう》されたという話を人づてに聞かされました。別に参拝に誘ったのではなく、単なるランチです。それでも、「危険」を察知して逃げたのでしょうか？　そんな外交官が引きも切らないのはいずこも同じです。

でも、ロンドン駐在時を含めて長年かの国の外交官と付き合ってきた私には、これがイギリス人の典型的なふるまいに映るのです。自衛官や外交官として自分たちが利用できる間は深く付き合いますが、宮司になったら食事すら慇懃《いんぎん》無礼《ぶれい》に断る。自己の利益しか考えていないというか、一対一の人間としての付き合いではなく、彼らの役に立つのか、彼らの国益に資するか否かが大前提なのです。

十九世紀、イギリスのパーマストン首相は「わが英国にとって、永遠の同盟もなければ永遠の敵もない。あるのはただ一つ、永遠の英国の国益のみ」と述べましたが、まさにイギリスの姿勢を顕著に表したものだと思います。

石平　日本はナイーブだし、ウェット。これは対中外交においてもそうです。戦後はこのナイーブさを克服するどころか、より強めた面があります。

山上　本当にウェットすぎるんですよね。贖罪《しょくざい》意識も手伝って、「何とか中国を助けてあげなければならない」と考える傾向が強まってしまいました。

戦前戦中について、日本ではマイナスの側面ばかりを強調します。「中国や朝鮮半島で悪事を働いた、悪いことしかしなかった」と。これはまさに東京裁判史観そのものですが、一方で戦後の繁栄が戦前・戦中の遺産の上に依《よ》って立っていることも忘れてはなりません。

戦時中、自らの命を捧げて散っていった何人もの英霊が、敵の心胆を寒からしめたことで、おいそれと日本に手を出せなくなっている面はたしかにある。しかもそれは英米に対してだけでなく、中国に対してもそうなのです。

第一章で石平さんがお話しくださったように、中国は「『小日本』にやられて悔しい」とその経験をルサンチマンに変えてしまいましたが、一方で「日本を侮《あなど》るなかれ」との気持ちも持っているはずです。日本人が一丸となった場合、決して侮れない能力を発揮するという一種の対日警戒感を植え付けたことは間違いない。

戦後日本はこのことをすっかり忘れてしまったようですが、改めて強調しておきたいと思います。靖國に眠る英霊は決して犬死にではなかったし、彼らの犠牲を日本の平和と繁栄に活かしていくのは、いまを生きる我々の責務だと思うのです。

第三章　間違いの始まり「日中友好」

「日中友好」の解釈権は中国にあり

石平　第二章の最後に「日本が対中外交においてのナイーブさを捨てきれていない」という話をしましたが、戦後、それも一九七二年からの日中国交正常化以降の「日中友好ブーム」は、まさにそのナイーブさが全開になった時期でした。

山上　対中外交の全ての間違いは、まさにその「日中友好」の四文字から来ています。

少し時間を戻すと、その前にも中華民国の蔣介石が日本に戦後賠償を求めないとした「報怨以徳《ほうえんいとく》」にすっかり感激していた。

石平　「怨みを抱いている者に対しても、慈愛と徳をもって接する」ですね。

山上　その後、毛沢東の中華人民共和国と対峙《たいじ》する際も、日本は贖罪《しょくざい》意識にとらわれるあまり、相手の思いどおりに動かされることになりました。

石平　中国人はよくわかっているんですよ。日本人が持つ贖罪意識ほど、彼らにとって都合のいいものはない。だから日本側を慮《おもんぱか》っているようなことを言いながら、実際にはその贖罪意識を刺激し、強化させるようなことを言う。だから会うたびに歴史問題を持ち出し、そのうえで「だが、日中友好が大事だから」と言い、日本人はそれにコロッと騙される。

山上　何かと言えば「日中友好、日中友好」を口にしてきましたよね。

石平　だいたいおかしいでしょう、どの国とも友好は大事なのに、「日米友好」「日独友好」なんて言わないのに、「日中友好」だけあるなんて。

この言葉の最大の問題は、「日中友好」の解釈をする権利がすべて中国にあることです。どうしたら日中友好なのか、何をしたら日中友好を傷つけることになるのか……すべて中国が勝手に決めるのだから、日本側はそれがさっぱりわからない。

中国側がその時々に日中友好を定義し、それに沿う行いをしろと日本に注文を付ける。たとえば「日本が中国にお金を出すのは日中友好」「それを止めるのは日中友好に反する」とね。

山上　さすがに現在はこの言葉の賞味期限も切れつつありますが、少なくとも二十年間は強力な効果を発揮しました。国交正常化が一九七二年。私が中国課の首席事務官をやっていたのが一九九七、九八年でしたが、まだまだこの〝呪文〟の効果が強力だった時代です。

課長に次ぐナンバー2のポジションである首席事務官はすべての関連書類を決裁する立場なのですが、日中関係に関する書類や総理大臣や外務大臣の発言・応答要領のほぼすべてに、チャイナスクールの外交官が「日中友好」という文字を入れてきた。

石平　まさに〝呪文〟、日本にこれを唱えておけば何でもかなうとでも考えていたのでしょうね。

「日中友好の大局に立つ」＝「中国側の言いなりになる」

山上　中国側は事あるたびに「様々な問題はあるが、日中友好の大局に立って解決されるべきである」と説明するのですが、要するに中国側の手のひらの上で踊らされていただけ。

石平　実際には「日中友好の大局に立つ」ことは「中国側の言いなりになる」ことでしかない。中国側の不興《ふきょう》を買ったり、要求を拒否したりすれば、「日中友好にヒビが入る」と脅《おど》される。

山上　終戦からしばらくの間、日本の政界を取り仕切っていた世代の人たちには、まだまだアジア主義的な感覚が残っていたのでしょう。田中角栄、大平正芳《おおひらまさよし》はもちろん、後藤田《ごとうだ》正晴《まさはる》のように保守派を標榜《ひょうぼう》する政治家のなかにも、贖罪意識に囚《とら》われた人は少なくなかったし、財界人にもいた。これがいまに至る日中関係の不幸の始まりでした。

石平　日本は中国と国交を結んだ時点から、ある意味で両国の対等で健全な関係を放棄していた……と言ってもいいのではないでしょうか。

一九七二年、日中国交正常化が行われた当時の中国は、アジアの最貧国であり、旧ソ連の脅威にさらされて八方ふさがりになっていた。そうした孤立した状況のなかで、田中角栄が中国にやってきたことは、まさに一筋の光だったのです。

私は当時十歳でしたが、当時の空気はいまでも覚えていますよ。「田中角栄が中国にやってきた、大事件だ！」というムードで、文化大革命の閉塞感《へいそくかん》を破る、新しい復活の兆《きざ》しが見つかったような雰囲気でした。

当時日本は中国に対して強く出られる立場だったにもかかわらず、田中角栄は「日本から中国に正常化を願い出る」かのような姿勢を取っていました。中国側から言われるままに要求をのみ、台湾との断交も受け入れた。ここでも日本人は「中国側が賠償権を放棄した」と感激していましたが、そもそも中華人民共和国には日本に賠償を要求する権利はないんですよね。

山上　戦ったのは国民党で、長征《ちょうせい》と称して奥地を逃げ回っていた共産党は直接の関係はありませんからね。

国交正常化の過程で、目をつぶってしまったのが尖閣問題でした。「尖閣は日本の領土です」とひと言、言えばよかったのに、田中角栄は「尖閣問題についてどう考えていますか」と周恩来《しゅうおんらい》にわざわざ尋ねたのです。こんな拙劣《せつれつ》、かつ、へつらった外交はない。

石平　本来あり得ない話です。そもそも中国が日本の領土に対して領土権をあとから主張し始め、撤回していない段階では、国交正常化交渉なんてできるはずがないし、してはいけない。当然ですよね、相手が日本の領土を「俺のものだ」と言っているんですから。ところが日本はこれをすべて不問に付した。この時の過ちが、いま尖閣問題として日中間の大きな課題に育ったのです。

山上　中国が尖閣を自国の領土だと主張し始めたのは、なんと一九七一年のこと。一方、日本が尖閣諸島を領土に編入したのは一八九五年。実に七十六年あまりも中国はひとことも文句を言ってこなかった。

それのみならず、第二次大戦後にアメリカ軍が尖閣諸島のうちの大正島《たいしょうとう》と久場島《くばしま》で射撃・爆撃訓練を実施した際にも、中国は一切抗議していません。国際法的にはケース・クローズド、つまり係争はすでに決着がついているのです。

では、なぜ中国が一九七一年になって突然、「尖閣はわが国の領土だ」と言い始めたのか。これは海底資源の存在を国連の調査報告書が指摘したから。つまり資源欲しさに言い出したにすぎません。

この問題をきちんと解決しないまま日中国交正常化を進めてしまった。日中国交正常化に貢献した人を中国では「井戸を掘った人」と呼びますが、いびつな井戸を掘った責任は重いですよ。

日本が中国増強を助けた

石平　とんでもない井戸を掘ってしまったものですな(笑)。

贖罪意識から出てきたもう一つの問題が、対中ＯＤＡです。大平正芳政権で決めたものですが、国交正常化以降、数十年にわたり、日本は一方的に中国を助けてきました。

二〇二二年に時事通信が国交正常化五十周年の特集を組んで連日、報じていましたが、ここに興味深い話が掲載されていました。大平の娘婿《むすめむこ》である森田一《はじめ》という元国会議員が、大平が対中ＯＤＡを決めたのは「戦後賠償の代わり。大平は（中国への）贖罪意識が非常に強かったので」と語っています（https://www.jiji.com/jc/v8?id=202209jcmorita）。そうした政治家個人の心情を、国家間の関係や外交政策として解消していいのか、実に疑問でした。

しかもこの記事によれば森田氏は大平と、中国からの帰りの飛行機のなかで「今回中国は低姿勢だったが、五十年たったら態度はガラッと変わる。大きく経済発展して日本を見下すようになるよ」と話したという。そこまでわかっていながら、それでもなおODAを開始したのはなぜなのか。理解に苦しみます。

山上　いまに至っても、まだ懲《こ》りていないようですよ。私が『中国「戦狼外交《せんろう》」と闘う』（文春新書）を書いた際に、大平記念財団が大平の記録をわざわざ私宛《あて》に送ってきたのです。おそらく、「大平は中国との関係で苦労したんだ」、もっと言うと「大平は苦労して中国に井戸を掘ったんだ。お前はその井戸に毒を投げ入れてぶち壊しにする気か」と私に抗議をしたかったのではないでしょうか。

石平　功績にケチをつけられたと気に障《さわ》ったんですね。

山上　日中国交正常化に至る過程で、アメリカのニクソン政権とキッシンジャーの責任が重いのは間違いありません。ソ連と対抗するために、中華人民共和国というカードを使い、それがのちの中国の成長・発展につながったことは事実です。私の知り合いのCIA出身者が喝破《かっぱ》しましたが、「中国をフランケンシュタインにしてしまった」のです。

しかし中国がここまで軍事的な意味も含めて大きくなるにあたって、最も助けたのは誰かと言えば間違いなく日本です。

対中ODAは二〇二二年三月末に終了しましたが、開始から四十年あまりの間にどの程度の支援が行われたかと言えば、ＯＤＡのうち無償でお金を提供する「無償資金協力」は約一千六百億円、お金を貸す「円借款《えんしゃっかん》」は約三兆三千億円、「技術協力」の約一千九百億円で、計三兆六千億円あまりにも上ります（ＪＩＣＡ調べ）。

人道的な支援だけではなく、道路、空港、鉄道などのインフラ整備に巨額の資金が投入されたのです。

橋本龍太郎政権、二つの大きな読み違い

石平　もう一つ大きいのが、橋本龍太郎政権が強力に推して、二〇〇一年に中国がＷＴＯに加盟したこと。これによって世界市場が中国に開放されるなど、中国共産党の経済大国化の決定的な第一歩になりました。

橋本首相は当時、中国のＷＴＯ加盟をまるで中国のセールスマンにでもなったかのように各国に売り込んでいました。Ｇ７の会場で各国の首脳を捕まえて、中国が加盟できるよう働きかけていたという。日本の総理が中国の国益のために奔走するとは、信じられない行いです。

山上　中国のＷＴＯ加盟によって、日本から中国への直接投資の額も激増しました。特に

二〇一〇年以降は、毎年一兆円を超える額が投資されています。

なぜ橋本政権は中国のWTO入りをそこまで強く推したのか。巨大な中国市場への輸出を通じて日本経済に役立てるという視点はわかりますが、ここでも二つの大きな読み違いが生じていました。

一つ目は経済面です。中国がWTOに入れば豊かになり、いずれ民主化するという希望的観測を持った。この甘い見立ては日本のみならず、欧米でも強く信じられていましたから、WTO入りは日本の力だけではなく、欧米、特にアメリカが強く推したために実現したことは間違いありません。WTOの新規加盟にはコンセンサスが必要で、どこか一つの国でも反対すれば加盟できませんが、中国について反対した国はなかった。これについて当時の加盟国には、日本も含め共同責任があると思います。

そして二つ目は安全保障面です。経済成長とともに中国の軍事力も増大し、日本にとっていまや最大の脅威と化しています。なぜこれを当時の外務省チャイナスクールや中国専門家は全く予見できなかったのか。

外交官の立場で言えば、「井戸を掘った」人もさることながら、当時の中国専門家、特に外務省の中国スクールの人たちにも問題があります。「手をこまねいている間に中国をフランケンシュタインにしてしまったのはあなた方ではないのか」と改めて問いたい。

何より私が覚えているのは、九〇年代半ばに中国専門家から「いずれ中国は日本を抜く。中国が日本を抜いたら、もう日本の言うことなんか見向きもしなくなる」と散々聞かされたことです。その点では、先ほどの大平さんのコメントと一緒で、外務省も専門家も、中国という国の本質、中国人の実態はある程度、理解していたのでしょう。

そうでありながら彼らが予見できなかったのは、中国が日本の安全保障上の脅威になることでした。「経済成長が進めば軍事的な脅威も増す」という指摘は、私は誰からも一度も聞かされたことはありません。その意味で、やはり見立てが甘かった。「中国はいずれ言うことをきかなくなる」とわかっていたにもかかわらず、軍事的脅威に発展することまでは思いが至らなかった。日本外交は、この間違いの轍《てつ》を踏まないようにしなければなりません。

チャイナスクールが中国に甘い理由

石平　よく言われる「チャイナスクール」、つまり山上さんの先輩や同僚にあたる人たちは、そもそもどのような中国観を持っているのでしょうか。

山上　中国に厳しい見立てをしていた人が外務省のなかにいたことは間違いありません。たとえばかなり遡《さかのぼ》りますが、ロシアンスクール出身で西ドイツ大使を務めた曽野明《そのあきら》さんは、大正生まれの保守派の論客で、産経新聞などにも寄稿しており、一九八四年に「日中永遠の友好ありうるか」というタイトルのコラムで、こう書いています。

〈中曽根首相は中国で熱烈歓迎を受けた。日中永遠の友好が語られ、「日中友好二十一世紀委員会」も発足する。結構なことだが、手放しで喜んでよいのかどうか。

まず、同じくマルクス・レーニン主義を奉じる中ソ両国すら一枚岩の団結を誇ったのはわずか十年余りであった。日中両民族は同文同種と言われるが、そんなことが友好を保証するほど世界は甘くない〉

しかし、チャイナスクールの出身者は、やはりある種の遠慮や保身の心理が影響し、中国に厳しい立場を取ることができません。厳しい態度を取れば中国から強烈な反発を招く。それだけでなく、相手にされなくなり、入国すらままならなくなる。中国はそういう国ですからね。実際に東京外国語大学の教授だった中嶋嶺雄《みねお》先生が中国に批判的な論文を書いたことで入国を拒否されたことがありました。

チャイナスクールの外交官は入省後、「中国で食っていけ」と言われて中国語を勉強するわけですが、その外交官人生の途中で中国から×を出されて入国できなくなったり、中国関係の仕事に携《たずさ》われなくなったら、外交官生命が終わってしまうかのような思いにとらわれます。その弱みを中国に握られているために、言うべきことが言えなくなる。決して中国に完全に取り込まれているわけではなくても、少なくとも物言いが中国に甘く有利な形に傾いていく。こういう先輩方を、私は何人も見てきました。

典型例は外務省の先輩の浅井基文《もとふみ》。チャイナスクール出身で中国課長を務めていましたが、退官後に出版した本のテーマは日米安保に対する正面からの反対論でした。その後、広島市立大学広島平和研究所所長に就任しましたが、とにかく彼の主張の相当部分は中国の議論を受け売りしたもの。反米を強く打ち出しながら、結果的に中国を利するような論を展開していました。

もう一人が阿南惟茂《あなみこれしげ》です。

石平　え、あの陸軍大将・阿南惟幾《これちか》のご子息が、ですか？

問題の根底にあるのは外務省の人事制度

山上　そうです。父上は敗戦時に陸軍大臣として「陛下に申し訳が立たない」と言って自決され、靖國神社に祀《まつ》られましたが、外務省の阿南さんはその忘れ形見です。

私が中国課にいた時にアジア局長を務めていて、のちに中国大使になりますが、驚いたのは私が中国課の首席事務官をしている時のことです。中国から共産党の要人が来る際は外務省が応接するのですが、阿南局長は「(国防大臣や共産党宣伝部長などの要人たちを)千《ち》鳥《どり》ヶ淵《ふち》に連れていけ」と言う。

私は「え？　靖國神社じゃないんですか。なぜ靖國ではいけないんですか」と思っていたものですから、何度も確認しましたが、「とにかく千鳥ヶ淵でいいんだ」の一点張りで、最後まで納得のいく説明は受けられませんでした。日本の要人が北京に行けば天安門広場に行って献花をする。日本ではそれが千鳥ヶ淵に当たるのだという理屈ですが、つまるところ、中国側に遠慮があって「靖國なんて口にしようものなら中国が大騒ぎするのは間違いないから、無難な千鳥ヶ淵に連れていけばいい」というわけです。

本来、靖國と千鳥ヶ淵では重みも意味合いも全く違いますし、千鳥ヶ淵だけに行くことによって追悼施設である靖國を損なうことにもなってしまいます。こうした柔弱《にゅうじゃく》な妥協をチャイナスクールの人たちは簡単にやってしまうのです。結局は中国側が応じなかったため、事なきを得ました。

ただし、これはいわば自主的に妥協しているのであって、阿南氏がハニートラップにかかっていたとは思いません。仮にトラップにかけられても、そんなものは屁《へ》でもない、という胆力はありました。

それを示す面白い話を紹介すると、以前、駐日大使を務めた武大偉《ぶだいい》が大使館のナンバー2だった時代に、阿南局長夫妻と我々部下を食事に招待してくれたことがありました。「上海ガニを食べよう」と。

宴もたけなわの頃に、武大偉が阿南夫妻に向かって「そういえば阿南さんのところは、お子さんは何人でしたっけ」と聞いたんです。すると、夫人が答えて曰《いわ》く「私の知る限り二人です」。

石平　ワハハハ、「私の知る限り」とわざわざ言うとは！

山上　阿南夫人はアメリカ人なのですが、流暢《りゅうちょう》な日本語で言外に「夫が遊んでいたところで気にはしません」と示して秀逸な答えでしたよ。

この答えを聞いた武大偉は、「これはハニートラップで阿南を脅《おど》しても落ちないな」と思ったはずです。

石平　女性問題は何より奥さんに知られるのが一番の恐怖ですが、その奥さんがそんな器量なら難しいと判断しますね。

山上　事ほど左様に阿南さんはご夫妻共々魅力的ではありましたし、慕《した》っている部下も多かったのですが、中国に対して妥協があったことはたしかです。小泉純一郎総理の靖國神社参拝に対して、在留邦人に危害が加えられる危険があると述べて反対論を展開したのも彼でした。阿南さんはチャイナスクールの重鎮ですが、やはり中国一本足打法になってしまうことに問題があると思います。

これは外務省のキャリア形成の問題でもありますが、中国語を研修して中国を専門とするからには、中国課長になり、アジア局長になり、最後は中国大使を務めて外交官人生を終えたいと誰もが思う。そういうエリートコースを思い描き、そこから外れてしまう自分なんて想像したくもない。まぁ単線思考なんですね。

これはチャイナスクールに限りません。ロシアンスクールでも、ロシア課長を務め、欧州局長を務め、ロシア大使を務めるのがエリートコースです。私の後輩ですごく優秀だった人間が、この出世コースから外れたことを思い悩んで、命を絶ったことがあります。

外務官僚になった以上、大きな仕事をしたいという健全な意識もある一方、単線思考に囚《とら》われると、身動きが取れなくなります。また、中国としても利用しやすいでしょう。

「せっかく中国課長になったのだから、アジア局長、中国大使になりたいでしょう？　それなら日中友好の大局に立って判断すべきではないですか」

　こんなことを言われると、どうしても心が揺らぎます。だから、まず相手にこう言わせる材料を与えてはいけない。そのためには、中国に厳しいなどと批判される人物を組織をあげて守るとともに、外務省の人事制度を変える必要があります。

石平　これまで日中関係の問題、政治家や外務省の問題を指摘してきましたが、それが人事制度から来るものだとは思いもよりませんでした。中国外交を専門に担当することが、むしろ中国に対する弱みになる……山上大使だからこそ指摘できる問題点ですね。

チャイナスクールの外側にも親中・媚中病が伝染

山上　外務省にとって、人事制度の改革は急務です。単線化するのではなく複線化して、特定のルートを辿《たど》らなかったとしても、最終的に中国大使を務める道がある、という制度にすれば、特定の国を相手に遠慮する必要はなくなります。

　具体的に言えば、課長、局長ポストは国際法局、経済局、国際協力局、国際情報統括官組織等であろうが、中国大使という頂《いただき》に通じるルートを作っておくのが日本外交の縦深性《じゅうしんせい》を高め、精強な外交を展開できるようになるという考えです。これはチャイナスクールや外務省全体の士気を維持するうえでも効果的でしょう。

何より、特に対中外交はチャイナスクールに任せず、外務省全体で取り組むべきだと思います。アメリカの国務省はそうした仕組みになっていますし、実は戦前の日本外務省も似たような仕組みでした。

たとえば吉田茂は入省後、二十年あまりにわたり中国に滞在し、山東省の済南《さいなん》では領事、奉天では総領事を務めましたが、その後イギリス大使に就任しています。アメリカンスクール、イギリススクールでも中国との接点を持っておくというような体制になっていたためです。現在の外務省もそうした仕組みにするべきでしょう。

ただ、問題はそれだけでは収まりません。実は今後の最も大きな外務省の課題は、チャイナスクール以外の外交官から、中国にめっぽう弱い親中・媚中《びちゅう》派が出てきていることです。

石平　え、それはどういうことですか。

山上　たいへん理解に苦しむのですが、チャイナスクールの外側に、親中・媚中病が伝染しつつあるのです。

序章でも話しましたが、前次官の森健良《もりたけお》はドイツ語研修組ですが、二〇二二年に中国が軍事演習で日本のEEZ内にミサイルを撃ち込んだ際に、中国大使を呼びつけるべきところ、電話で済ませてしまいました。現中国大使の金杉憲治《かなすぎけんじ》もオーストラリア研修組で北米二課長や経済局長、アジア大洋州局長を務めていますが、中国外交の現場に関してはド素人《しろうと》。蘇州《そしゅう》で起きた日本人母子斬りつけ事件の際も「個人的には日本人を対象にしたとは思わない」などと根拠を説明することさえなく述べています。典型的な事態鎮静化のための発言です。

むしろチャイナスクールからは前中国大使の垂秀夫《たるみ》のように、中国にも正面からものをいう人材が出てきたのに、チャイナスクール以外のところに穴が開いてしまっているのです。

石平　ははー、これは外務省、政官関係の内情や外交官の心理がわかる山上さんだからこそできる指摘ですね。

山上　せっかくなのでもう一つ。

はっきり言いますが、戦後の反戦平和の護憲運動のなかに、親中派が一つの牙城《がじょう》を築いたこともたしかです。創価学会をはじめとする新興宗教には、贖罪意識に基づき、日中友好を絶対に揺るがせてはいけないという強迫観念を持っている人たちが多くいることは夙《つと》に指摘されてきました。これが外交政策に影響を及ぼしていることは否定できません。

自公連立政権が長く続いていますが、外務省内にも「大鳳会《おおとりかい》」という信濃町《しなのまち》系のグループがあると長年にわたって報じられてきました。これは人数も規模も明らかではないので、目の子勘定《かんじょう》でしかありませんが、外務省のチャイナスクールに信濃町系の人が少なからず含まれていることは省内ではしばしば話題になってきました。表にはほとんど出ませんが、外務省内では一般常識ですよ。また、歴代の中国の駐日大使の中には、創価大学留学経験者もいます。

石平　なるほど、その指摘をうかがってやっとわかったことがあります。なぜ日本は反戦平和と言いながら、好戦的な中国共産党政権を支持するのか。反戦を掲げるならば、本来は反中国共産党を掲げなければならないでしょう。なぜそうならないのか。いまのお話でよくわかりました。

山上　それを言えるのはやっぱり石平さんだからですね。多くの人はこの話をしてもピンと来ませんから。

深刻なのは、諸外国の情報機関関係者こそがこうした日本の内情に不安感を隠していないことなのです。

左傾化が激しい東大法学部

石平　外務省のチャイナスクール以外のところにも親中病が伝播《でんぱ》しているというお話がありましたが、外務省にとどまらず、他の官庁や日本政府全体の問題になっているのではないかという懸念もありますが、その点はいかがでしょう。

山上　外務省がこんな状況ですから、率直に言って経済官庁はもっとひどいですよ。

分かりやすい例をご紹介しましょう。二〇二四年十月にオーストラリアのスコット・モリソン前首相が来日された際に夕食をご一緒しました。せっかくだから日本の財界事情に詳しい人にもお越しいただきたいと思い、経産省の大幹部だった元官僚らにも同席してもらったんです。

ところが、オーストラリアの首相経験者を前にその人が「なぜ高市早苗議員が自民党総裁選で負けたのか」を、英語でとうとうと語り始めたのです。

「高市さんは首相になっても靖國に行くと宣言していた。もし本当に実行すれば、日中関係、日韓関係が大変なことになる。それを心配したからこそ、自民党議員は支持しなかったのだ」

これは全く中国サイドの説明そのものでしょう。にもかかわらず、したり顔でオーストラリアの前首相に説明する不見識と浅慮《せんりょ》。こういう輩《やから》が霞が関や知識人と称する人のなかにごまんといる。実に根が深い問題です。

石平 もしそうであれば、日本の戦後のエリート教育そのものに問題があるのかもしれません。

山上 おっしゃるとおり、国家の根幹は教育にあります。私も中高一貫教育の進学校に通いましたが、社会科の教師が教科書とは別に手製のガリ版を刷ってきて、「沖縄戦の犠牲はいかほどだったか」「日の丸は軍国主義の象徴である」「君が代の『君』は天皇陛下であり、天皇制を称《たた》えるものであり問題だ」などと、生徒に刷り込んでいました。共産党の毒を生徒に浸透させせようというわけです。家庭教育がしっかりしていなければ、学校であっという間に汚染されてしまいますよ。

石平 山上さんは東大法学部のご出身ですが……。

山上 東大法学部が一番ひどい（笑）。教授が書いていることをそのまま答案に反映しなければ「優」は取れません。憲法なら「自衛隊は違憲の疑いがある」と書かなければいけない雰囲気がある。アメリカの大学も左傾化が激しいと言われますが、日本も同様の傾向が進んでいることは間違いありません。

石平　最近では、テレビで東大大学院准教授を務める中国人の李昊《りこう》が、「日本の総理が靖國に参拝するのを許せる要素はゼロ」と発言して話題になっていました。公然とこんなことを言うのかと驚きましたし、中国人であるあんたが許すかどうかは問題じゃない。

そもそも、東大が彼のような教授を雇うことに問題はないのか。私立大学であれば誰を雇おうと学校の自由ですが、国立大学である東大は我々の税金で運営されている。にもかかわらず、そういう反日的な出鱈目《でたらめ》の歴史観を公然と口にする中国人教授を雇っていいのか。東大生に何を教えているのか、想像はつきますわな。

山上　東大は石平さんを雇うべきでしょう！

石平　いやいや（笑）。

それにしても、東大出身の山上さんはどうやって「戦後教育の罠《わな》」から脱したのですか。

偏向した歴史観にならないためには

山上　親の影響が大きかったと思います。私の両親は二人とも数学の教師でしたが、歴史問題についてはかなり強い意識を持っていて、子供の頃から様々な歴史の本を勧められて読んでいました。成長してからも自分から進んで読み、勉強もするようになったのですが、そのために学校で教わる歴史と、自分が勉強している歴史が全く違うことを子供のうちに理解していたんですね。だからこそ、偏向した歴史観に染まらずに済んだのだと思います。

もう一つは、留学経験です。外務省に入省してから映画『いちご白書』の舞台にもなった、アメリカのコロンビア大学の大学院に留学させてもらいました。実はこのコロンビア大学はアメリカの大学のなかでも最も左傾化した大学だったんです。最近ではパレスチナ支持のデモを全米の大学で真っ先に組織したことでも有名になりました。

石平 左翼の大学への留学経験がよかったと？

山上 ここまで左傾化した学校に行くと、「おや、なんだかおかしいぞ」と感じるんです。だから、むしろ左傾化した大学に留学したおかげで、余計に触発されてより深く歴史を勉強するようになりました。

石平 まさに反面教師というやつですね（笑）。

山上 学校教育がどんなものであっても、個人の心がけで偏向教育のおかしさに気付くことはできるのですが、とはいえ個人任せにするのは問題です。日本国全体を考えた時に、いまのままの歴史教育ではだめでしょう。

石平　日中関係を振り返って考えてみると、戦中派はアジア主義を抱き、戦後派は贖罪意識を抱いて、いずれも「同文同種」「一衣帯水」といった中国への親近感を持って来ました。さらにその下の世代は、戦後教育を受けてやはり中国には遠慮がちになり、やはり「日中友好」というスローガンに惑わされた……。こうした流れをどのように断ち切るべきなのか、難しいですね。

山上　さらに中国の情報戦、つまりプロパガンダも影響しています。親中反米のプロパガンダはいまも有効で、贖罪意識とはまた別の文脈から、中国を利する論を展開している人たちがいるし、それに乗りやすい人たちもいます。

石平　私が薄々感じているのは、日本の戦後のエリートのなかに、共産主義的なものに共感を覚える、共鳴する人がまだまだ少なくないということです。

山上　アメリカ人のなかにも多いですよ。貧しい農村の中国に対する同情、これがアメリカの宣教師の間にもありました。小説『大地』を書いたパール・バックもそうですね。もちろん日本人のなかにもある。「貧しい農村」を売りに使っているのは、ある意味で中国のソフトパワーの強さとも言えます。

ただ、いまはもうそういう中国でなくなったのは、どこの誰が見ても明らかでしょう。ですから、もう過去の中国とは全く違う、新しいいまの中国と対峙しているのだ、という意識を持つ必要がありますね。

石平　私は日本に来た最初の頃、まだ大学院生で、「日本で中国史はどういうふうに書かれているのだろう」と思って、古本屋を巡って探したことがあります。いくつか読んでみると、近代以前の中国の歴史は研究が深い。宮崎市定《いちさだ》なんかが有名ですよね。ところが日本人が書いた近代以降の中国史は、もはや中国共産党が書いたものとそんなに変わらないものでした。すなわち、アヘン戦争以来、中国人民は西洋列強に圧迫され、日本帝国主義にも侵略された。しかし中国共産党が帝国主義と果敢に戦って、人民を解放し、新しい中国を作り上げた――という中国共産党史観そのものなのです。

いまでも覚えています、講談社現代新書で出ていた近代中国史の本のタイトルは、ずばり『人民中国への道』(小野信爾《しんじ》著)。これを中国語に翻訳したら、そのまま中国共産党の教材になるレベルです。

しかも、当時中国では「解放」という言葉もよく使われていましたが、これは「共産党政権ができたことで、中国人民が解放された」という意味です。日本の知識人も平気で同じ言葉を使っていて、そういう知識人が教育をしているのだから、多くの日本人が中国共産党シンパになるのは当然とも言えます。

わけがわからない「戦略的互恵関係」

山上　中国のナラティブの力には恐るべきものがあります。

この章の冒頭で申し上げたとおり、戦後長らく効力を持ってきた「日中友好」というスローガンが、ほとんど賞味期限切れになっていることは喜ぶべきことです。

ところが一方で、近年使われるスローガンに「戦略的互恵《ごけい》関係」があります。「互恵関係」はお互いに利益になる関係を作るという意味ですから、まだわかります。しかし「戦略的」には大きな疑問がある。

そもそもここで言う「戦略的」とは、英語を語源とする「Strategic Partnership」、つまり準同盟に近い緊密的な関係を指す文言《もんごん》で、日本で言えばオーストラリアや英国に対して使うような用語です。北朝鮮はロシアとの関係を戦略的パートナーシップと形容しています。当然、中国に対して使うような言葉ではありません。中国は日本にとって、二〇二二年末の国家安全保障戦略で「最大の戦略的な挑戦」と名指ししているのですから。「戦略的挑戦」を提起している国と「戦略的関係」を結ぶなど、自己矛盾そのものでしょう。にもかかわらず、何とかの一つ覚えのように、中国との関係を「戦略的互恵関係」と評する政治家や有識者の多いことと言ったらありません。ほとんど思考停止状態で、保守を標榜する人までもが何も考えずにスローガンを口にしている。

石平　ある地方で講演を行ったあと、懇談会で地元の経営者の方から「日中関係の戦略的互恵関係というのは、要するにどういう意味なのか」と聞かれたことがあります。私も酒を飲んでいたので冗談半分で、

「夫婦の関係と同じです。感情はもうすっかり冷めきっているのに、お互いの利益を維持するために付き合わなければならない。その状態を戦略的互恵関係と言います」

すると相手も「じゃあうちも戦略的互恵関係だな」と(笑)。

山上　日本の政治家や外交官も、そのくらいの洒脱《しゃだつ》な冗談が言えればいいのですが(笑)。おそらく彼らは本気で「戦略的互恵関係であるべきだ」と信じ込んでいるのでしょう。

それどころか、自民党総裁選を見て暗澹《あんたん》たる思いがしたのが、保守派を標榜している小林鷹之《たかゆき》衆議院議員ですら、「中国とは戦略的互恵関係」と言っていたことです。この自動反射的な思考停止には、空恐ろしいものを感じます。石破政権も例外ではありません。

石平　言葉一つで思考が停止してしまう。無意識のうちに、思考が誘導されてしまう怖さがありますね。

実はかつての「日中友好」と同じくらいの魔法の言葉がもう一つあります。「歴史問題」です。よく中国では冗談半分で、「日本という銀行は、『日中友好』『歴史問題』の二つの暗証番号でお金が引き出し放題だ」と言われていますが否定できません。

日本の弱腰外交三つの理由

山上　歴史問題については、私が外務省の四十年間で一番屈辱的だった経験があります。一九九〇年代後半、遺棄化学兵器調査の出張をしました。行先は旧満州、いまの中国東北地方でした。中国に残された遺棄化学兵器の形状やサイズなどを確認し、旧日本軍のものであったかどうかを仕分ける作業です。というのも、遺棄された化学兵器のなかには旧ソ連製のものもあったからです。いずれにせよ、化学防護服を着て錆《さ》びた重たい化学兵器をせっせと運びながら「こんな仕事をするために外務省に入ったのか」と思わず自問自答をしてしまいました。その間、現地に同行してきていた中国外交部の人間は、何ら手を貸すことなく座って遠くからこの作業を見つめているのです。

法律論から言えば、武装解除して兵器を中国側に引き渡した時点で、それは中国のものになる。中国にすればただで武器弾薬が手に入るのだから、問題なかった。

ところが九〇年代に化学兵器禁止条約ができて、化学兵器の製造・開発だけではなく、遺棄することも禁止になった。ついては他の国の領域に遺棄した場合も、遺棄された領域国ではなく遺棄した国が廃棄する責任を負うことも決められてしまった。

そのためもう中国側のもので、もしかしたら朝鮮戦争などで使ったかもしれない遺棄化学兵器を、日本国民の血税を費やして処理しなければならなくなったのです。

これは歴史問題であると同時に、いかに日本の外交が拙劣であったかを示す代表的な例でしょう。そして同じことが慰安婦問題でも起きている。すでに条約を結んで解決した問題を蒸し返され、その責任を日本は押し付けられ、補償を迫られる……。

石平　なぜ日本の外交は弱腰になってしまうんでしょう。日本人の持っている性格ですか?

山上　弱腰外交の原因は三つあります。一つは日本人の性格がお人好しで弱いこと。目の前の相手と居心地の悪い関係になりたくないから、すぐ共通項を見つけようとして、「あなたの言うこともっともですね」などと妥協をしてしまう。「あなたの意見とは違います」と面と向かってはっきり言える日本人は少ないですからね。

二つ目は、外交に対する考えです。外務省の大先輩で「外交は妥協のアートだ」と言っている人がいました。また「足して二で割るのが外交だ」と思っている外務官僚出身者も大勢いる。たしかに大方そうであったとしても、いくつかの問題については、死守すべく頑張らなきゃいけないことがある。主権や領土交渉や歴史問題がまさにそれです。しかしその使い分けができてない。

三つ目には政治家に胆力と定見がないこと。外務官僚が情けなくとも、政治家が「このまま交渉、まとめなくていい」とか「場合によっては壊してきてもいい」と腹をくくって指示すれば、官僚はやります。しかしそういう指示がない。「何とかまとめてこいよ」「このままじゃ国内がもたないから」という政治家が多く、そう命じられたら、官僚もやらざるを得ない。

「国益」を口にしない外務官僚

石平　最初の二つに関しては、特に中国相手では絶対やってはいけないことですね。一般の文明国同士であれば、共通した価値観のうえで妥協が成り立つものですし、日本人同士なら、なおさら以心伝心で、「こちらが一歩譲れば、相手も譲ってくれるだろう」という暗黙のやりとりが可能でしょう。

しかし中国共産党政権にはそんなもの全く意味がない。はっきり言って中共はヤクザ、しかも日本のヤクザより悪質ですから。絶対譲ってはならないものは、最初から譲らない姿勢でいなければいけない。これは徹底しなければ交渉で勝てません。

もう一つ、戦後日本全体の問題として、外交とは最後に国益を守ることこそが目標のはずです。政治だってそうでしょう。しかし多くの外交官には「国益」という概念が薄いのではないかと思うのですが、いかがですか。

山上　非常に鋭いご指摘です。「国益」という言葉を外務省の官僚が公然と使えるようになったのは……ここ十年くらいじゃないかな。

石平　じゃあそれまでは「国益」と口にしていなかったんですか！

山上　「国益なんてこそばゆい」みたいな雰囲気が明らかにありましたね。ましてや「愛国心」なんて言葉は外務省では誰も口にしません。

逆に彼らが好きなのは「国際協調」「道徳的高みに立つ」。相手が謝らなかったとしても、日本人は道徳的高みにいるから、といって満足するんです。

石平　それは中国から見たらただのアホですね（笑）。何の意味もないものですよ。

山上　いまは「国益」と言えますが、問題はその定義が人によってまちまちなこと。他国と仲良くすることが「国益」だと思っているかもしれない。

石平　もちろん仲良くなるための外交もあるでしょう。しかし何のために仲良くするか。それはやはり「国益」のためです。逆に「国益」のために喧嘩することだってあって、決して仲良くすること自体が目的ではないはずです。

山上　「国益」の極大化の手段は仲間を増やすことですよね。その過程では敵ができることもある。そこの覚悟ができていないのが、いまだ不安要素です。

戦前から続いてきた中国に対する誤解が日本に破局をもたらし、戦後も贖罪意識に形を変えて、日本の「国益」を脅《おびや》かし続けています。二〇二五年で、戦後八十年を迎えますから、そろそろ日本も舵《かじ》を切って、新しい局面に入っていかなければなりません。

第四章　日豪への『目に見えぬ侵略』の実態と対処法

入り込みやすいが監視もしているオーストラリア

石平　戦後日本の教育にしても、また官僚にしても政治家にしても、どう考えても中国共産党のいいように誘導されています。日本人自身の問題ではありますが、中国共産党の浸透工作によるものも大きいでしょう。

それは日本だけではなくて、山上さんが大使をお務めになったオーストラリアもそうだということが、『目に見えぬ侵略　中国のオーストラリア支配計画』（クライブ・ハミルトン、小社刊）に書かれていました。

本書を読むと、ここまでやるのかと驚きの連続で、国防大臣の愛人が人民解放軍の参謀部と関係ある人間とか、中国の大富豪が作った研究所にオーストラリア前首相が招聘《しょうへい》されるとか、もはやオーストラリアが中国の植民地のようでした。

山上　著者のクライブ・ハミルトンのことはよく知っています。私が大使の時に、キャンベラの大使公邸に何回か来てもらって、一対一でじっくり意見交換をした関係です。

ハミルトンの本があれだけ話題を呼んだのは、実は彼が政治的立ち位置としては保守派ではないからでしょう。緑の党でいわば左の中の左。いま政権をとっている労働党よりも左と言われているほどです。そんな左の人が中国についてあそこまで書いた。だからこそ、逆に信憑性《しんぴょうせい》があると思われたのでしょう。

石平　日本で言えば「朝日新聞が中国の批判や実態を書いた」ということですね(笑)。実際に現地オーストラリアにいた山上さんは、あの本はどんな感想をお持ちになりましたか。

山上　二つ印象に残りました。一つはオーストラリアという国がいかに中国に入りこまれやすいのか、ということ。

これはアメリカと似ているのですが、オーストラリアという国の大多数は移民です。しかもかつては白豪主義で白人しか受け入れなかったのが、一九七〇年代にアジアや中東などからも受け入れるようになり、なかでもやはり中国系がたくさん来た。だから、中国系が入り込みやすい土壌、文化だったことは間違いありません。

もう一つ、入り込みやすい一方でオーストラリアは同時に監視システムがしっかりしていることにも感心しました。米国の連邦捜査局（FBI）や英国の情報保安部（MI5）に相当する諜報《ちょうほう》機関であるオーストラリア保安情報機構（ASIO）の長官マイク・バージェスは私の親しい友人ですが、ここがスパイを取り締まる、いわゆるカウンター・インテリジェンスをちゃんとやっているわけです。

オーストラリアでの中国の浸透工作がなぜこうも明るみに出たのかというと、機関による摘発があったことは間違いない。一番典型的なのが、『目に見えぬ侵略』にも書かれていた、サム・ダスティアリという労働党上院議員が、在豪中国人の実業家から巨額の政治献金を受領し、中国に有利な政治活動を行っていたことが発覚し、議員辞職した件です。ダスティアリは、「南シナ海は中国の内政問題」と中国寄りの発言もしていました。

オーストラリアは日本とは比較にならないほどオープンであり、オープンであるからこそしっかり国内でスパイの取り締まりをするシステムが機能している。この二点が『目に見えぬ侵略』の執筆に繋がったのだと思います。

そして私の肌感覚でいうと、日本で起きていることはオーストラリアとほぼ一緒でしょう。しかし日本人は捕捉《ほそく》してない、あるいは一部の人だけで情報を共有しているだけ。

振り返ってみれば、橋本龍太郎元首相はじめ日本の主要政治家の何人がハニートラップにかかったと囁《ささや》かれています。そして、それを問題にするのは『週刊文春』など一部メディアだけで、新聞やテレビは取り上げないし、むろん国会でも追及されない。これは極めて不健全でしょう。この点はオーストラリアを見習うべきだと思います。

テレビドラマが対中危機感を高めた

石平　オーストラリアはどの時点で「これは変だ」「中国の工作では」と気づいたんですか。

山上　分水嶺《ぶんすいれい》は二〇一七年頃だと思います。オーストラリアでは、有力シンクタンクのローウィ国際政策研究所が毎年世論調査を行うのですが、そこで質問の一つに「オーストラリアのアジアにおけるベストフレンドはどの国か」というものがあります。

ずっと日本と中国が三分の一ぐらいの票をとって拮抗《きっこう》しながらも、日本が一位だったのですが、二〇一六年に初めて中国が日本を追い抜いて「アジアにおけるベストフレンド」になりました。

ただ、その頃に中国の浸透工作が明るみに出てきた。さきほどいったような政治面への工作もそうですが、もう一つオーストラリア国民の関心を引いたのは基幹インフラへの直接投資です。

たとえばシドニーなどで送電を手がける電力公社オースグリッドへ、中国と香港の企業二社が買収を競っていました。これは政府が外国企業への売却を阻止する予備決定を下しました。他には二〇一五年にダーウィン港が中国の嵐橋《ランドブリッジ》集団と九十九年間の長期リース契約を締結したこともそうですね。そういう基幹インフラにまで中国が進出していることに気づいたのが、非常に大きかった。
ここでおもしろいのは、この危機感を世論の間で高めたのが、テレビドラマだったんです。『シークレット・シティ』というタイトルで、私も見ましたが非常によくできている。
石平 ドラマで中国のスパイ行為や浸透工作を扱ったんですか？
山上 そうなんです。キャンベラにある中国大使館がスパイの牙城《がじょう》だ、というストーリーラインです。
日本の潜水艦を買うかどうかという選定を進めている国防大臣の愛人が中国大使夫人なんですが、実は訓練を受けたスパイだった、など……。
石平 それはもうノンフィクションですね（笑）。
山上 もちろんドラマですから、破天荒なストーリーではありますが、同時に一部は非常にリアリティがある。このテレビドラマがオーストラリアの庶民の対中警戒感を高めたことは間違いありません。
私が大使として着任した二〇二〇年には、中国に対する警戒感はすっかり高まっていて、逆に日本への親近感が増えていましたね。先ほどの「ベストフレンド」調査でも日本がダントツで、二位をシンガポールとインドが争って、もう中国は遥か下位です。

石平　中国からすれば、山上さんは「人民の敵」であるに違いありません（笑）。

山上　アメリカ国防省にいた友人からは、よく「いまの日本で中国が一番消したいのはお前だ」「地下鉄に乗る時は気をつけろ」と言われました（笑）。中国人の友人は多いんですけどね。

石平　オーストラリアのように、対中警戒感を高めるような映画やドラマを日本で作れますかねぇ。

山上　頑張ってほしいんですがね……。考えてみると、ハリウッド映画でも、中国人を悪者にする映画はありませんでしたよね。だいたい敵役はロシア人か中東の国。たまに北朝鮮があるくらい。

石平　いませんねぇ。ただ、トランプ政権以降のアメリカの中国のイメージはよくないので、今後出てくる可能性はありますね。

山上　ハリウッドもそろそろ考えを切り替えていく必要があるでしょうね。

「国賊」がたくさんいる日本

石平　オーストラリアの現状は理解できましたが、問題ははたしてオーストラリアは中国の影響力を一掃できたのか、ということですが……。

山上　それはまだできていませんね。

石平　浸透工作を暴いたり、警戒感を高めたりしても、一掃はできていませんか。

山上　完全に払拭《ふっしょく》するのは、やっぱり難しいですね。

いま心配なのは、政権交代が起きて、保守連合から労働党政権に代わったことです。労働党政権の謳《うた》い文句として「基本政策は変わっていない」がありますが、中国へのアプローチはガラッと変わりました。はっきり言えば、弱くなった。いまのアルバニージー首相も、もともとは中国系のペニー・ウォン外務大臣も、中国を名指しで批判することをとても躊躇《ちゅうちょ》しています。スコット・モリソン前政権と違って、非常に腰が引けている。彼らは中国との関係を「安定化」させることに汲々《きゅうきゅう》としており、中国を刺激したくないのです。

政権交代は私がいる間に起きましたが、政権交替の前後から「日本大使に中国問題について発言してほしくない」とプレッシャーをかけられたことがあります。「日本とオーストラリアの話に専念しろ」と三回も。

石平　それは非公式の申し入れや抗議ですか？

山上　基本的には非公式な水面下でのやり取りでした。政府とは離れた立場の人もいれば政府内の人もいました。

　先ほどから話しているように、オーストラリアという国は振り幅があって、誰を見て、誰と話しているのか、それによって対中認識や警戒感が変わってきます。そして、その点はオープンな社会だからこそ、人を見て話をしていかなければいけません。

　だからこそ、日本が大事なんです。オーストラリアから見れば、日本は対中のフロントライン国家。その日本が中国について何を考えて、どう言うかは、オーストラリアに大きな影響をもたらすんです。ところが岸田文雄や林芳正、上川《かみかわ》陽子は、その認識が希薄でしたね。

石平　それどころか、総裁選の際に「高市早苗さんが首相になれば靖國参拝をする。そうなれば中国でまたひどい反日騒ぎが起きるし、落ち着いてきた日韓関係もまた悪化するからダメだ」なんて、中国に阿《おもね》ったかのような声もありました。

山上　そんなことを言う人こそ「国賊」でしょう。そういう輩がいっぱいいるところが日本の弱みです。

石平 先ほどから話に出てくるオーストラリアのペニー・ウォン外務大臣は中国系ですよね。

山上 そうです。私に言わせれば、蓮舫と福島瑞穂と辻元清美を合わせて三で割ったような人物で……。

石平 最悪だ！（笑）。

山上 私と会った際には「大学時代にマルキシズムを勉強した」と堂々と広言していたほどの筋金入りの左です。政治的には、女性、アジア系、レスビアンを売りにしている政治家です。弁護士出身で理路整然と話す語り口が支持者からは高く評価されています。逆に保守連合からは蛇蝎《だかつ》の如く嫌われています。

上院議員時代には、従軍慰安婦問題で対日非難決議を担《かつ》ぎ出した。これが危なくて、一票差で上院で否決されました。そういう女性がいまの外務大臣なんですよ。

林芳正は、日米豪印外相会合で、「クアッドのモデルはビートルズ」などと言っていましたが、メンバーの一人がそんな政治家なのだとわかっていて言っているのか。

逆に、どういう思想の人物なのか、ちゃんとわかっていれば対処のしようもあります。

たとえばペニー・ウォンは人権問題などには敏感だから、中国のウイグル問題などには喰いつく可能性は十分ある。

石平　なるほど、敵対するのではなく味方にすることも視野に入れないといけませんね。

山上　スコット・モリソン政権の時に、クアッドはがっちりと組んでいたのに、いまは停滞しています。岸田さんは総理在任の最後にバイデン大統領の地元の町でクアッド首脳会合を行いましたが、あれはレガシーを取り繕《つくろ》うための訪問に過ぎず、実質的にはもう前に動いてない。

石平　中国の名指しもしていないことからも、弱腰になっていることがわかります。

山上　すっかり柔になっている。日豪の絆《きずな》が薄まっている一因でもあります。

財界の〝運動神経〟を見習おう

石平　日本の政界、財界、学界……山上さんからすれば、どこが一番中国に影響、あるいは浸透されていると思いますか。

山上　うーん……どこもかな。

石平　一番駄目な答えじゃないですか（笑）。

山上　私は警察にいた経験もあり、守秘義務があって言えないこともありますが、大雑把《おおざっぱ》に言えば、みんなやられていますね(笑)。

ただ、財界はお金で動くから、実は変わり身が早いんですよ。

石平　お金になるなら親中だし、お金にならないのなら離れる?

山上　そうです。お金の動きに対する〝運動神経〟が極めて早い。大使時代、七大商社のある会長さんがこう言っていました。「自分の会社は、もう中国依存度を一割に下げた」と。要するに中国での利益を一割以下にしているから、いつでも中国から足抜けできるというのです。

かつて多くの企業が中国は金の生《な》る木だからとみんな行っていましたが、いまや「危ない」と判断するやすぐさま引き始める。この運動神経の早さ、各業界は見習うべきかもしれません。

一方で、もっとも気をつけなければいけないのは、やっぱり政策決定に近いところが浸透されていることでしょう。先ほども言ったとおり、一国の首脳クラスの政治家がハニートラップにかけられて、週刊誌にそのことを書かれるなんて、G7メンバー国だったらそれだけでアウトですよ。

　最近でいえば、何があっても「遺憾《いかん》」「遺憾」とだけ言い続けている官房長官の林芳正が媚中派《びちゅうは》の代表的存在ですよね。要職にいる政治家ほど心配です。林とは東大法学部の卒業年が一緒でしたが、東大法の同級生や三井物産の同期で彼を総理の器《うつわ》だと思っている人間に出会ったことはありません。
　それから本人は政治家を引退しましたが、二階俊博的な自民党の中国マインドが問題です。二〇二四年八月に、中国軍用機による領空侵犯の直後であったにもかかわらず、何事もなかったかのように二階さんは日中友好議員連盟のメンバーと中国を訪問しました。しかしながら、碌《ろく》な抗議をできなかっただけでなく、滞在中は王毅、趙楽際《ちょうらくさい》と会っただけで習近平には会えず。

石平　ご本人にしてみれば、ある意味命がけで行ったのでしょう。政治家としての最後を飾ろうと……。

山上　「冥土《めいど》の土産《みやげ》」のつもりが、土産をもらえなかったという(笑)。しかも同日に米国大統領補佐官のジェイク・サリバンは習近平に会っている。こんな屈辱的な扱いを受けて、本当にいいのか。いい加減、自民党は目を覚まして学ばなきゃいけませんよ。

そろそろ日本もハニートラップを……

石平　何で学ばないんでしょうね。中国がどんな国なのかがわかってから、ずいぶん時間も経っているはずなのに。

山上　ウォーターゲート事件の時に「金の流れを追え」なんて言われていましたが、いまの時代は中国に対しても贖罪《しょくざい》意識や反戦・平和だけでなく「金の流れ」を見るべきかもしれません。つまり、中国系企業からどれだけ個々の政治家、政治家の支援者、あるいは地元に金が流れているのかで、対中姿勢がわかる。それから票の流れもそうですね。

石平　オーストラリアでは、具体的に中国系企業が票の動きを左右することがあったんですか。

山上　保守連合の政治家でも、中国系の票を失うことは心配していました。パーティー券も中国人がたくさん買うし、実際にみんな来てくれるから助かる。まさに金と票の流れですね。

石平　すごく不思議に思っていたのは、中国では政界にしても財界、学界にしても日本のために発言する人は一人もいないのに、日本では政界でも財界でも学会でも、中国のためにものを言う人がいっぱいいることです。何か日中で問題が起きると、みんないっせいに中国にとって都合のいいことを言う。たとえば第一章で扱った、深圳《しんせん》の日本児童殺人事件についても、日本人から「反日とは関係ない」「日本人だから狙われたわけではない」という声が出た。

山上　私はインテリジェンスをやっている時、半分冗談半分本気でよく「そろそろ日本もハニートラップかけないとな」と言っていました（笑）。

石平　たしかにそうかも（笑）。

山上　日本人女性はブランドで、みんな惹《ひ》かれる。日本の政治家が中国女性にコロッとやられちゃうのなら、日本が本気を出せば中国の政治家もみんなコロッとやられるだろうって（笑）。

石平　実際、秦剛《しんごう》なんかはどこかの国でやられたから、失脚したなんて話がありますからね。

山上　浸透工作は金とハニートラップ／女がありますが、もう一つ「負の浸透工作」、すなわちレッテル貼りをしてその人を潰《つぶ》すというものもあります。日本の主要紙、主要テレビを使って「あいつは反中だ」「タカ派」だ「嫌中だ」「危ないやつだ」と批判をして潰すやり方です。石平さんが先ほどご指摘された、高市さんの靖國参拝批判もこの一つと言っていいでしょう。私もやられた経験があります。「日本の『戦狼《せんろう》』だ」なんて言われていました（笑）。

石平　中国に「戦狼」とまで言われたのは、褒め言葉かもしれません（笑）。しかし、なるほど、そういうレッテル貼りによって人を排除して潰していくんですね。それが怖いから、多くの人が中国に対して強いことを言えなくなってしまう……。

アメリカの洗脳工作から目を覚ませ

山上　歴史問題は主に日中、あるいは日韓の間で問題になっていますが、根っこは占領期のアメリカで、ここが一番タチが悪い。このことは中国も理解しており、だから中国共産党の手法としては、アメリカのなかの日本のイメージを、「いたいけな、ナイーブな国民」と、「靖國神社に参拝するような軍国主義者」とで二つに分ける、二分論にしようとするんです。たとえば安倍晋三に対しても、一時期ニューヨーク・タイムズ、あるいはアメリカの歴史学者等が、軍国主義者、歴史修正主義者だと激しく攻撃していましたよね。

日本はこの状況をしっかりと把握し、アメリカのなかにある健全な論調、「もう日本に対してそんなこと言っている時代じゃないだろう」といった意見をうまく助長する必要がある。これは今後の日本外交にとって喫緊《きっきん》の課題と言ってもいいでしょう。

石平　いわゆる浸透工作やスパイ工作は、映画の『００７』や『ミッション・インポッシブル』をイメージして組織に潜り込んで情報を奪っていく姿を思い浮かべますが、そうではなく、もっと高度な戦略が展開されている。

それはいま山上さんがご指摘されたような、一つの国の思考回路を、自分たちにとって望む方向へと持っていく戦略です。アメリカの日本のイメージを、あるいは日本国内での日本への感情や思考をコントロールする。日本を潰すのは日本人かもしれない。

山上　私はそこが日本人の一番の弱みだと思っています。かつてマッカーサーは日本の占領が終わって去る時に、ドイツ人と日本人を対比して、ドイツ人は四十代の青年だが、日本人は十二歳の少年だ、とたとえたことがありました。

あるいはシベリア抑留経験者の手記を読むと、ドイツ人捕虜はソ連共産党を冷めた目で見ていて寝返った者は少なかったけれど、日本人捕虜でソ連共産党に寝返ったのがたくさんいた、と残されています。

この日本人のお人好しやナイーブさは、よいところではあるのですが、同時に思想戦では簡単にコロッとやられてしまう要素と言えます。ここは本当に国家的課題として見つめ直していかないといけません。

だからこそ、高市早苗さんが手をつけたセキュリティー・クリアランス制度が大事になる。弱さに付け込まれないようにするわけですから。これをもっと拡充して、政治家でも民間人でも、機微《きび》な情報を扱う人間はみなセキュリティー・クリアランスを得なければいけないのは当然でしょう。

石平　ある意味で、アメリカの戦後日本への洗脳工作の素晴らしい結果が、戦後押し付けた憲法を日本人が八十年も一文字も変えずに守っていることでしょう。

山上　アメリカは占領期にどういう検閲《けんえつ》を行ったのか。憲法制定の過程で日本にどういう働きかけをしたのか。一切文書を公開していない。秘中の秘なのです。

ここに切り込んだのは、江藤淳《えとうじゅん》さんですね。『占領軍の検閲と戦後日本　閉された言語空間』で多くの日本人の目が覚めたのではないでしょうか。もちろん、まだわかっておらず、閉ざされた言語空間のなかで催眠術にかかったままの人もたくさんいますが。

石平　アメリカの洗脳工作は見事ですが、しかしうまくいったのは人が良くてナイーブな日本だからというのもありますよね。

山上　そうですね。もし中国だったら絶対にうまくいかないでしょう。

石平　当のアメリカ人にしても、日本でこれほどうまくいきすぎるとは想定していなかったかもしれません。

山上　でも、その成功体験があるから、いまだに日本に変なことを言ってくる面はあります。安倍さんが靖國神社に参拝したら、当時副大統領のバイデンがホワイトハウスの報道官に命じて、
「日本は大切な同盟国であり、友好国である。しかし、日本の指導者が近隣諸国との関係を悪化させる行動を取ったことに米国は失望（disappointed）している」
と上から目線の声明を出させたのも、洗脳の成功体験から抜け出せていないからでしょう。

岸田文雄はバイデンと親密な関係を築けたなどと自画自賛しているようですが、「日本はロシアや中国のように外国人嫌いだから経済が低迷している」旨《むね》の発言など、時折垣間《かいま》見《み》せた日本に対する無知と偏見には辟易《へきえき》とさせられました。一体、岸田総理はどんなやり取りをバイデンとしているのか、首脳外交が機能していないと感じていました。

全省庁にセキュリティー・クリアランスが必要

石平　山上さんは外務省にいたころからそういったことを発言していたと思いますが、省

内の反応はどんな感じなのですか。

山上　鳩が豆鉄砲で撃たれたような顔になりますね（笑）。私の同期は二十五人いますが、石平さんとの議論についていけるのは、私以外には一人しかいないんじゃないかな。あとはみんな〝洗脳〟がまだ効いています。「そんなこと言うと大変だぞ」みたいな顔をしたり、あるいは明らかに嫌悪感を表情に浮かべたり。有名な朝日新聞の社会部長の倅《せがれ》もいましたから。

そういう意味では、外務官僚こそ、先ほど話に出たセキュリティー・クリアランスが必要なのでしょう。たしかに日本国籍を持っていなければ、外務省には入れない。だけど日本に帰化した人も日本人なので入れます。ならば帰化前の国籍はどこだったのか。敵はプロですから、日本国籍を取らせるなんて簡単にやるでしょう。

いまでも機微な情報を扱う人は適性評価を受けなければいけないから申告しますが、逆に言えばそうじゃない人はやらなくていい。むしろ機微な情報を扱わない人のほうが多いのだから、そっちもちゃんとチェックが必要なのではないか。これは外務省だけでなく、霞が関の全省庁に言えることです。

第五章　戦後日本史上画期的だった安倍外交

「インド太平洋」構想は安倍外交最大の遺産

石平　山上さんとお話ししていると、戦後日本の対中外交がどれほど酷《ひど》いものか。そしてそれが結果的に中国という脅威を作り出したと言っても過言ではないことがわかりました。特に習近平政権になってから、日本にとってまさに目の前にある強大な脅威になりつつあります。

そんな時にできたのが、安倍政権です。特に第二次安倍政権は、習近平政権とほぼ同時にできました。習近平が共産党総書記になったのは二〇一二年十一月の党大会で、安倍さんが二度目の首相になったのは二〇一二年の十二月。それから政権が終わるまで、安倍さんはずっと習近平を相手に対中外交を進めながら、対中を踏まえた世界全体の戦略も構築してきた。

なかでも特筆すべきは、二〇一六年に提唱した「自由で開かれたインド太平洋」構想です。東アジアだけではなく、インドとオーストラリアの両国に声をかけた。この着眼点がすごい。一つの国際戦略としてすばらしく、また周辺の主要国が受け入れて、実際に戦略として動いた――これは日本の歴史上初めてではないですか。

山上　おっしゃるとおりで、安倍外交イニシアティブは長年の日本外交、特に戦後の日本外交のなかでも画期的な動きでした。ポイントは三つ。

一つは、日本外交にしては珍しくコンセプトを打ち出したこと。そもそも「インド太平洋」という言葉自体が安倍さんの造語です。

石平　それまでは「アジア太平洋」でしたよね。

山上　インド洋と太平洋という二つの海を睨《にら》んで、これをひと塊《かたまり》として捉《とら》えて戦略的に鳥瞰《ちょうかん》した。これだけでも稀有《けう》なもので、しかもいまや「インド太平洋」という言葉は定着した。日本人だけでなく、アメリカ人もイギリス人も、それどころか中国人も使うようになった。これは安倍外交の最大の遺産ですよ。

石平　ちなみに「自由で開かれたインド太平洋」は英語ではなんと呼ばれていますか？

山上　「Free and Open Indo-Pacific Region」で、頭文字をとってＦＯＩＰと言われています。

二つ目は、このＦＯＩＰを実現するための道具立てが日本主導だったこと。典型例をあげると、日米豪印（ＱＵＡＤ＝クアッド）です。この枠組みは日本なくしては成立しなかった。

クアッド以前、様々な三カ国の組み合わせがありました。日米韓、日米豪、日米印……しかし、一つだけ、米豪印はありませんでした。インドにしてみると、「アメリカとオーストラリアが一緒になるとろくなことがない」「どうせ自分たちに説教してくるんだろう」と思っていた。

しかしインドは、日本とアメリカ、あるいは日本とオーストラリアだったら別にかまわない。すなわち、クアッドは日本が接着剤だったんです。

石平　なるほど、日本があって初めてクアッドが成立するんですね。

山上　だから中国は「まさかこの四カ国が組み合わさるとは」と焦ったわけです。

そもそもオーストラリアもインドも、最初は腰が引けていたんですよ。クアッドの構想が初めて出てきた時のオーストラリアは労働党のケビン・ラッドが首相で、その時の外務大臣は「中国を刺激したくないから自分たちはクアッドに入りたくない」とまで言っていました。そのオーストラリアを振り向かせたのは、安倍総理が非常に丁寧に、根気よく説得したからでしょう。

TPPもそうですね。トランプが「アメリカは抜ける」と表明したあとにTPPを支えたのは日本とオーストラリアです。この二国が頑張ったからこそTPPは瓦解《がかい》せず発展し、その後なんとイギリスが入ってくるようになった。インドネシアも参加を表明し、今後も続いていくでしょう。そのうちアメリカも戻ってくることを期待していますし、私の希望としては台湾も入ってほしい。

石平　それはぜひ実現してほしい！

「メルケルがまともになってきた」

山上　これが実現すれば、強大なサプライチェーンになります。これも安倍さんの遺産の一つでしょう。

三つ目に、安倍外交は欧米を啓蒙《けいもう》教化したこと。あえて啓蒙教化という言葉を使いました。つまり、西洋人が東洋人を啓蒙教化したのではなく、今度は東洋人が西洋人を中国問題について啓蒙教化した……これが安倍外交の実態なのです。

トランプは安倍さんに会いたがっていましたが、あれは安倍さんの戦略観を聞きたかったからなんです。

「習近平ってどういう男か」

「プーチンってどんな考えをしているのか」

……トランプだけでなく、世界中の首脳が安倍さんの戦略観を聞きたがった。それだけ安倍さんは語るべきものを持っていたということです。これは岸田首相はじめ、他の歴代首相との決定的な違いです。あのドイツのメルケルですら、安倍さんの考えを聞きたがったくらいですから。そして、安倍さんの啓蒙によって、多くの国の中国の認識がだんだん変わっていった。

石平　たしかにメルケルは、最初は救い難いほど親中だったのに、じょじょに変わっていきました。あれは安倍さんが教えたからなんですね。

山上　かつてドイツの情報機関の人が言っていました、「ようやくメルケルがまともになってきた」と。これは安倍晋三の功績なんですよ。

石平　トランプが大統領に就任する前、世界で一番早くトランプタワーに会いに行ったのは安倍晋三だった、というのは有名な話です。あの時、トランプに中国問題をレクチャーしたそうですね。トランプは政治の世界に身を置いたことのない、いわば〝白紙〟の状態。そこに安倍さんが真っ先に中国について〝書き込んだ〟ことは大きな意味がありました。

山上　安倍さんがすごいのは、たとえば中国に厳しい人って少し目を吊り上げて、口角泡《こうかくあわ》を飛ばして、「いまの中国は！」とやるタイプが多いんですけど、安倍さんは違う。微笑みながら、表現をオブラートに包み、しかし本質をズバリ言う。タイプとしては櫻井よしこさんに似ているかもしれませんね。

先日、スコット・モリソンをはじめとするオーストラリアの人たちと話をした際、「安倍晋三と知り合って、嫌いになった外国のリーダーを見たことがない」と言っていました。それだけの魅力、愛嬌《あいきょう》（charm）を安倍さんは持っていた。これは天賦《てんぷ》のものでしょうね。

習近平の安倍対応の変化

石平　いや、安倍さんを嫌いなリーダーはいますよ。習近平です（笑）。

山上　あ、たしかに（笑）。

石平　習近平は共産党総書記、国家主席に就任してから、大国首脳外交を全面的に展開しました。ほとんど世界の主要国を一通り訪問しましたが、そのなかでもアメリカのオバマ大統領とは二日間にわたって、ノーネクタイで過ごして親密ぶりをアピールしました。「アメリカとは新型大国関係を構築する」と言い、オバマはやや曖昧《あいまい》な態度ではあったものの、中国としての対米外交は成功した。

これ以来、習近平の眼中には日本のことも安倍晋三のことも、まるっきりない。習近平は二〇一九年のＧ20大阪サミット出席で訪日しただけ。

一方、安倍さんを中国は一切招かなかった。安倍さんが首相として、主席となった習近平と最初に会ったのは二〇一四年、北京で行われたＡＰＥＣ首脳会議でした。ここでも安倍さんは招待されたわけでなく、会議に出席するためであり、習近平もホストとして参加する全ての国の首脳と会談しなければならず、さすがに日本だけなしとはいかなかった。

当時、日本の新聞やテレビでも伝えていますが、最初から最後まで、習近平は安倍さんに目を向けなかったし、笑顔の一つもなかった。酷いのは、他の首脳と会談する時に必ず後ろに両国の国旗を飾るのに、安倍さんの時だけは日本の国旗なし。完全に安倍・日本蔑《べっ》視《し》です。

次は二〇一七年のベトナムで行われた、やはりＡＰＥＣ首脳会議での日中首脳会談です。アメリカの大統領がトランプになり、新型大国関係は完全に破綻《はたん》。一方で安倍さんの提唱した「自由で開かれたインド太平洋」構想は世界に受け入れられて、じょじょに国際政治における安倍さんの存在感が高まってきていた時期。だから、この二度目の時は習近平は安倍さんと会った時は笑顔で日本の新聞でも「習氏、初めての笑顔」なんて見出しもあったくらいです。

そして、安倍さんが習近平に最後に会ったのは二〇一九年、私の故郷である成都《せいと》で行われる日中韓サミットに出席するため訪中した安倍さんが、北京に立ち寄り習近平に会った。この時はもう習近平は笑顔満面（笑）。報道によるとその時、安倍さんが習近平にチベットや南シナ海のことについて説教したそうです。もう完全に立場が逆転しました。習近平もその自覚はあったでしょう、「最後の最後、安倍晋三にしてやられた」と。

山上　よく覚えています。習近平は安倍さんに冷たい態度をとっていた一方、安倍さん自身は泰然自若《たいぜんじじゃく》として、決して右往左往したりあたふたしたりしていなかった。「外柔内剛《がいじゅうないごう》」、つまり外目には柔らかく見えても、背骨があった。それが中国もだんだんわかって、「こいつ手強《てごわ》いぞ」と理解した。中国は「手強い」と思わないと、一人前に扱いません。

逆の例でいえば、前述しましたが、外交部長の秦剛《しんごう》が林芳正外相に会った時、年上にもかかわらず林外相をバカにしたような態度をとったことですね。他に河野太郎も外相の時、王毅と会談した際に、生徒が教師に接するように深々と頭を下げていたでしょう。

石平　あれは屈辱的な場面でした。

山上　同じく王毅が、外相の茂木敏充《もてぎとしみつ》との共同記者発表で「一部の正体不明の日本漁船が頻繁に釣魚島《ちょうぎょとう》（尖閣諸島の中国名）周辺の敏感な海域に入っている」などと主張したのに対し、茂木は何の反論もせずに「謝謝《シエイシエイ》」などと言う始末。
こういった外相の姿を見るたびに、いかに安倍晋三が日本において、稀有な能力を持っていたかがよくわかります。

正しい政治のためには正しい歴史観が必要

石平　山上さんは安倍さんとの最初の接点はいつですか。

山上　外務省に入省した時の外務大臣が安倍晋太郎さんで、もう晋三さんは秘書官でしたから、ある意味でその時からですね。

石平　なんと、お父様の代からのご関係でしたか。

山上　本格的なお付き合いという意味でいえば、私は国際情報統括官と経済局長の二つの局長ポストを務めていた時が安倍政権でしたから、総理には何度もご説明に行きました。
いまでも覚えていますが、ある時、歴史問題を巡り公安調査庁と計らって、反日団体のバックグラウンドを子細に洗い上げたことがあります。特に北米やカナダで従軍慰安婦像を立てまくっている団体の背景ですね。それをご報告に行って説明をしていると、もうわが意を得たりといった感じで深く頷《うなず》きながら、次から次にコメントをされていた。歴史問題に造詣《ぞうけい》が深く、それだけ勉強されているんだなとわかりましたね。そういった蓄積があるからこそ、中国や韓国から歴史問題で揺さぶられても、たじろがなかったのでしょう。

石平　正しい政治、正しい外交を行うのには、まず正しい歴史観を持たなければならないという証左ですね。

山上さんをオーストラリア大使にしたのも安倍総理ですか。

山上　任命された際に当時の次官から、「総理が君をオーストラリアに」と言われました。だから私は余計にやりがいを持って任務を務めることができましたし、オーストラリア側も「安倍の人事で来た大使だ」と受け止めてくれた。

石平　「自由で開かれたインド太平洋」構想において、オーストラリアは重要な国ですから、総理の山上さんへの期待がうかがえます。

山上　二〇二〇年のオーストラリアは保守連合政権で首相がスコット・モリソンと、打てば響く人たちだったので、がっちりスクラムを組んでやることができました。

石平　前章のとおり、それ以前のオーストラリアは、半ば中国に侵略されていましたもんね。

山上　中国に尻尾《しっぽ》を振って、「日本はもう終わった」と言わんばかりの態度でした。どうしたら、このオーストラリアをもう一度日本に振り向かせられるのかが課題でした。とはいえ、安倍総理がすでにレールを敷かれていたので、大使としては非常に仕事しやすかったですね。

しかし、途中で政権交代が起きて、せっかく保守連合と関係をつくったのに、労働党政権とはまた一から仕切り直しなので、これはこれで苦労しました。

山上 安倍総理暗殺事件の時はオーストラリアでも衝撃が？

石平 もちろんです。前首相スコット・モリソンや元首相トニー・アボットから、バンバン私の携帯に電話がかかってきたりして「何があったんだ」と皆さん心配していました。

国葬には現職を入れて首相経験者が四人も来日しましたし、キャンベラの日本大使公邸での弔問《ちょうもん》記帳の受付にも首相と外務大臣が二人揃って来ました。そんなことは他の国ではあり得ないことでした。しかも労働党政権ですからね。安倍晋三がどれほど大きな影響力を持った日本の政治家だったかということがわかります。

クアッドはインドが重要なポイントに

石平 順調に進んでいるように見えたクアッドですが、現在はどのようになっていますか。

山上　途中まではうまくいっていたと思います。しかし、二〇二二年に起きたロシアによるウクライナ侵略で、インドは明確にロシアを非難する立場をとらなかった。そこでアメリカやオーストラリアの関係者の間に、インドへの異質感、「インドはやっぱり違う」という受け止め方が再燃してしまったように受け止めています。

日本は、インドが北の中国と接触対峙《たいじ》している以上、ロシアと手を握る必要があることを理解しているし、それをアメリカ、オーストラリアにも説明しているはずですが、二国ともインドになかなか信を置けなくなってしまっている面があります。

もう一つは内政の混乱があります。インドはモディが国内で反イスラム、ヒンズー国《こく》粋《すい》主義に走った。強権政治も報じられています。片やアメリカは非常に弱い大統領のバイデン、オーストラリアは極左の大統領、そしてご存じのように岸田総理も弱い。そうすると、強いリーダーはモディだけで、かつての安倍さんのように彼を御《ぎょ》する存在がいないんです。

ですから、いまのクアッドは私の目から見ると――外務省は口が裂けても認めないでしょうが――失速しているのは間違いありません。

石平　ともあれ、振り返れば単なる「太平洋」ではなく「インド太平洋」が大事ですから、インドは今後もポイントになりますよね。

山上　インドはいまや中国以上に西側の国で政治勢力を持ちつつあります。たとえばイギリスの前首相スナクはインド系ですし、アメリカの元国連大使で、そのうち大統領候補にもなるかもしれないニッキー・ヘイリーもそうです。中国系以上にインド系は各国で政治勢力として一目置くべき存在になっている。人口動態として言えば、すでに高齢化社会に入りつつある中国と比してインドはまだ若い。そのインドと誼《よしみ》を通じておくのは大事です。

トランプ返り咲きでどうなるのか

石平　さて、第一回目の大統領在任中に、当時の安倍首相に大変な信頼を寄せたトランプ氏は再び米大統領に返り咲きました。この対談本が刊行された時には、第二回目のトランプ政権がいよいよ始まろうとしているところです。しかし安倍元首相はすでにこの世にいません。

その代わりに、総選挙で大敗を喫して国民からの信頼を失っている石破さんが首相の座にいて、来《きた》るべきトランプ政権を相手に米中関係と国際政治をやっていくことになりますが、自分としてははっきり言って大変心配です。

石破首相ははたしてトランプ大統領と本当の信頼関係を築くことはできるのでしょうか。そして安倍元首相が苦心して築き上げたインド太平洋戦略と日米豪印連携の「クアッド」は継続できるのでしょうか。山上さんの見立てをお聞きしたいと思います。

山上　石破政権が誕生したからには、トランプ政権やモディ政権と緊密に連携しながらクアッドを正常の軌道に戻さなければいけません。ゆめゆめオーストラリアのアルバニージー政権のように媚中的《びちゅうてき》な姿勢から腰が引けてはいけないのです。

しかし、アジア版NATOとか日米地位協定改定などと明後日《あさって》のことを言ってきた石破総理がはたしてその任にこたえられるか、はなはだ疑問だと思っています。

習近平の大誤算

石平　習近平政権はクアッドで、自分たちが包囲網に落ちたことに気が付いて、二〇二〇年頃から徹底的にオーストラリアに嫌がらせをしていましたが、最近は懐柔政策に切り替えましたね。オーストラリアにとって中国は大きな貿易相手だけに、懐柔政策は心配のタネになりませんか。

山上　心配ではありますが、予想された展開でもあります。

まずオーストラリアを褒めるべきです。中国は様々な国に威圧外交政策を取ってきました。二〇一〇年の日本へのレアアース輸出停止から始まり、フィリピンのバナナ、ノルウエーのサーモン、カナダの菜種油《なたねあぶら》、韓国への観光客を止めましたね。種類は様々ですがどれも一つのセクターでした。

ところがオーストラリアに対しては、大麦も石炭も、ワインもロブスターも林産品も、と広範にわたって事実上の禁輸措置を取った。普通の国であれば、ヘナヘナと妥協してもしょうがないぐらいです。

しかし、オーストラリアは持ちこたえた。まず日本と同じように、大麦とワインの措置についてはWTO提訴に持ち込んだ。それから輸出先を多角化した。たとえば石炭であればインド、ワインだったらシンガポールや香港、イギリスに出すようになった。こういった工夫によって、スコット・モリソン政権は持ちこたえたのです。これは立派ですよ。

石平　この事実は、今後世界にとっても非常に重要な意味があります。中国政府がよく使う経済カード（経済威圧）に対して、オーストラリアは敢然と立ち向かって屈しなかった。むしろそれによって新たな活路を開いたのです。つまり「中国に屈する必要はない」と示した。

山上　しかもオーストラリアは決して大国ではありません。国土は広いけど人口は二千六百万人。国際社会の番付としては、小結《こむすび》、せいぜい関脇《せきわけ》程度の国家です。そんな国が大国中国の制裁に持ちこたえた。これに勇気づけられる国はあるでしょうし、中国にしてみれば大きく読み間違えたことになる。

石平　習近平の大誤算です。オーストラリアが屈服しなかったために、中国国内で石炭不足となるなど自分たちのクビを絞めることになった。このままではさらにドツボにハマるので、最後は中国自身が密かに禁輸措置を取り払った。

山上　明らかにオーストラリアという国を過小評価した中国外交の戦略的な失敗ですね。

オーストラリアの「なにくそ！」スピリット

石平　しかしオーストラリアはよく持ちこたえましたよね。

山上　決して大国ではないのですが、「なにくそ！」というスピリットを持った国なんです。第一次大戦以来、アメリカの戦争には常に参戦し、横で武器をとって戦ってきた。あのイギリスすら参戦しなかったベトナム戦争にも参戦しているほどです。

スポーツの面でもそうです。ラグビーもサッカーも、クリケットも野球だってそう。テニスも水泳もありますね。ある意味で勝負をし、戦う心を持つ尚武《しょうぶ》の国家であり、それを中国は見誤った。

石平　そこは中国共産党政権の一つの盲点だと思います。彼らは我々資本主義の世界の住人よりも、資本主義の論理を信じている。つまり、資本主義国家は金儲けが第一であり、みんな経済カードに弱いと思い込んでいるのです。

ところが我々には資本主義よりも大事な理念や哲学、あるいは普遍的価値観がある。それを共産党の連中は唯物《ゆいぶつ》主義だから理解できず、経済カードは万能なのだと思い込んで仕掛けてくる。結果、「なにくそ」スピリットのあるオーストラリアに負けた。

山上　中国はある意味で我々以上に合理的なんですよね。

そのうえで強調しておきたいのは、あの時のオーストラリアを先頭に立って励ましていたのが、他ならぬ日本でした。アメリカ大使もイギリス大使も腰が引けていたなかで、私は外務本省にも事前に了解をとり、ナショナル・プレスクラブでスピーチをし、中国の「ち」も出さないように配慮しつつ、オーストラリアをモラルサポートすると明言しました。

この時のスピーチの一番の肝《きも》は「Australia is Not Walking Alone」と言ったことです。これはサッカーの英国プレミアリーグのリバプールFCの応援歌「You'll Never Walk Alone」をもじったもので、これがオーストラリア人にとても響き、「苦しかった時に日本大使がそこまで言ってくれた」と琴線《きんせん》に触れたようでした。

石平　しかし中国は、いまは懐柔政策に舵《かじ》を切っていますよね。李強が七年ぶりにオーストラリアを訪問したり、パンダを二頭贈ることにしたり。

山上　心配なのは、アルバニージーの労働党政権は前の保守連合政権との違いを打ち出そうとし、その最たるものとして、「中国と喧嘩しません」「経済の実利を取ります」と、まさに合理的になってしまうことです。もちろん中国は政権の変化を見ているからこその方向転換です。

石平　オーストラリアに警告したいのは、習近平政権がその気になればまたクビを絞めてくることです。何かあれば、すぐさままた禁輸措置をとるのが中国であり、政権の体質は何も変わっていません。そのことを重々理解しておく必要があります。

山上　いまの左派政権は共産主義的なものに対する一定のシンパシーがあるからまた厄介です。

だからこそ、日本がオーストラリアの首相や外務大臣に対してしっかり、定期的に中国の危険性を説明し、気をつけるよう忠告しなければいけないのですが、いまの日本の外交を見ていると、首脳レベルでも外相レベルでも現地の大使レベルでもそういう対話はできていない。心配です。

第六章　いま日本外交がやるべきこと

岸田前総理にビジョンなし

石平　私は言論活動において、安倍首相の政策を批判したこともありました。一つはコロナ禍において、中国の入国制限をすぐやらなかったこと。もう一つが習近平の国賓招待です。

後者は幸いというより、結果的にコロナ禍で実現しませんでしたが、そもそも習近平はジェノサイドを行った人間です。そんな人物を天皇陛下と握手させるなんて、絶対にしてはならないことでしょう。

山上　私も同感です。安倍政権は外交面だけでなく多大な功績を遺《のこ》したことは間違いない。しかし、習近平国賓待遇はいただけませんでした。

石平　そもそもなぜあんな話が持ち上がったんですか。

山上　官邸の一部に、習近平に日本に来てもらいたい人がいたのでしょう。故葛西敬之《かさいよしゆき》さん（JR東海名誉会長）はそういう人たちを官邸の「君側《くんそく》の奸《かん》」と表現していました。総理の靖國参拝を体を張って止めたり、あるいはロシアとの領土交渉で「択捉島《えとろふとう》や国後島《くなしりとう》は譲っても構わない」と言うのもそういう連中でしょうね。

安倍外交は総じて言えば、歴代の政権と比べるとすさまじい功績を残したことも間違いありませんが、全てが万々歳だったというつもりはありません。やはりそこは是々非々《ぜぜひひ》で論じていくべきです。

石平　同感です。

しかし最大の問題は、安倍さんが作り上げた大いなる遺産を、残された人間がちゃんと受け継いでいけるのか、ということです。

山上　岸田政権ですでに翳《かげ》りが見えちゃいましたからね。岸田さんは「自由で開かれたインド太平洋」とは、なかなか言わなかった。クアッドを盛り立てようという意欲も感じられなかった。安倍さんのコンセプトから距離を置こうとしたのではないでしょうか。

石平　考えがあって距離を置くのならまだわかりますが、それがない。自分で何かしら構想、ビジョンを打ち出すべきでしょう。

山上　岸田さんはビジョンとはおよそ無縁の人で、できるだけ長く総理でいたかっただけでしょうね。たとえば安保戦略で中国を最大の戦略的挑戦と呼んだり、それを踏まえて防衛費を倍増させるなど、安倍さんが引いた路線の上を走っている限りにおいては良かったんですが、そこから外れた時は、岸田外交は惨憺《さんたん》たるものでした。

西欧と東洋の決定的な二つの違い

石平　そしていまは石破茂政権です。突然出てきたアジア版NATO……これはいったい何ですか？（笑）。

山上　まぁあえて言えば……噴飯物《ふんぱんもの》ですかね（笑）。大学に入学したての国際論を勉強している十八、十九歳の若者が夢物語として語っているならともかく、一国の総理ですからねえ。

具体的に批判をすると、まず考えればわかりますが、NATOのあるアメリカ・ヨーロッパと、アジアには決定的な違いが二つあります。

一つは、アメリカとヨーロッパは基本的価値、すなわち民主主義、法の支配、人権尊重、市場経済などを共有しています。ところがアジアにおいては、日本と韓国、日本とシンガポールは価値を共有しているでしょうか。まずその前提がない。

もう一つは、集団的自衛のグルーピングをするためには「共通の敵・脅威」が必要です。NATOの場合はソ連、いまのロシアですね。「ここにやられた時はみんなが助けよう」がコンセプトです。

ところがアジアにおいて、中国が共通の敵・脅威だという認識はありません。中国と仲良くなりたい国もあれば、中国と聞いて尻込みをする国もある。「中国にやられたら助けよう」と言われて腰が引ける連中はたくさんいるでしょう。

基本的価値も共有していないし、共通の敵・脅威の認識もないところで、NATO的な枠組みが成立するわけがない。

さらに言えば、こうした集団自衛の枠組みが機能するためには各メンバーが集団的自衛権を発動しなければなりません。ところが、言い出しっぺの日本が集団的自衛権を限定的にしか行使できないのです。これでは、他国に呼びかけられるわけがないでしょう。日本がまずすべきことは憲法第九条を改正し、フルスペックで集団的自衛権を行使できるようにすることなのです。

このように、仮に本気でアジア版NATOを成立させるのならば、十〜二十年かけて交渉しなければならない。石破政権だけで終わらない話です。いみじくも外相になった岩屋《いわや》毅《たけし》がすぐに「直《ただ》ちに設立は難しい。中長期的に検討」と言っていましたが、そのとおりです。

石平　要するに「我々の政権でやるつもりはない」ということですね（笑）。私は石破さんの発言を聞いていて不思議なのは、アジア版ＮＡＴＯの構想で中国をどう位置付けるのか、曖昧《あいまい》なままなことです。

山上　中国も将来的に加盟させるようなことを言っていますね。

石平　アジア版ＮＡＴＯを作るのは、中国という脅威に対抗するためのはずなのに。

山上　一度石破総理の頭のなかを見てみたいですね（笑）。

日本国民と自民党員を馬鹿にした対応だなと思ったのは、石破さんはアジア版ＮＡＴＯ構想を、自民党総裁になってからアメリカのシンクタンクのハドソン研究所で発表したことです。こんな大事な構想は総裁選の前に発表すべきでしょう。だまし討ちのようなものです。

日米地位協定の改定もそうです。仮に見直しをするにせよ、なぜいま言い出すのか。優先順位をはき違えている。いま一番大事なのは台湾有事への対応であり、そのための日米同盟の深化でしょう。抑止力を高めて、もし抑止が崩れた時のために危機対応能力を高める。これに尽きる。なのに、なぜアジア版ＮＡＴＯとか地位協定の改定とか、明後日《あさって》の問題を持ち出すのか、わけがわかりません。

そろそろ自民党は二つに割れるべき

石平　今後の日本が持つべき国家的ビジョンはどのようなものにすべきだとお考えですか。

山上　いや、私はもうビジョンは安倍政権の間に十分明らかにされていると考えています。いまは新たなビジョンを打ち出すのではなく、出されたビジョンに従ってコツコツと措置を打ちだしていく時期です。

自衛隊であれば防衛費倍増。「倍増だって足りない」という意見は、アメリカでも根強くあるくらいなので、これで満足せずに、どんどん積み上げていく。法制だって不備なところを修正していく。できることはたくさんあります。

日清《にっしん》・日露戦争や大東亜戦争を経て、諸外国は「日本をなめるととんでもないことになる」と知っている。これは先人の遺産と言ってもいいでしょう。しかし、いまは賞味期限が切れつつあるその遺産の上に胡坐《あぐら》をかいている状態です。

そうではなく、きちんと筋トレをして、食事もちゃんと考えて、力をつけておいて、「いまでも日本に手を出したらとんでもない目にあうぞ」と理解させておく。国と国との関係も、人間関係と一緒。

石平　「あいつを敵に回したら怖い」と思わせることが大事ですね。
　しかしそのためにも、最大の政治的課題としては、やっぱり憲法改正へ一歩踏み込み出さないといけませんよね。
山上　それはもちろんです。
石平　いつまであの憲法を守っているのかと。
山上　アメリカ人に「憲法を押し付けたのはおまえらだ」と言うと、「何年、変えずに後生《ごしょう》大事に守っているんだ」と反論されますよ（笑）。
石平　変えなかったのは日本人自身ですからね。
山上　そのとおりで、日本人の問題として取り組まなければいけません。だから、もし石破さんが本当にアジア版NATOを本気でやるというなら、まずやるべきは憲法改正でしょう。
石平　勉強して知りましたが（笑）、何でも自民党という政党は憲法改正を党是に掲げているそうですね。そこが政権を長年担《にな》っているのに全然進まない。安倍さんですら、集団的自衛権は大きく前進させましたが、憲法改正はできなかった。岸田さんにいたっては、私の記憶では「私の在任中に憲法改正をする」と言っていたはずですが、何もできず。このまま永遠に前に進まないのかと絶望的になります。

山上　私は自民党の議員の人と飲みながら何度も議論してきたのですが、そろそろ自民党はまっ二つに割れたほうがいいんじゃないかと。

五五年体制で権力にしがみつく議員が多すぎる。総理にはなれなくても、自民党にいればそのうち大臣にはなれる、といった政治家は大勢います。

二〇二四年十月の選挙で、政権交代にはならなかったけれど、自公で過半数を獲得できなかった。改めて、自民党は保守と左で割れて、本当の保守になるべきではないか。あまりにも左右のウイングが広すぎて、もはや政党の体をなしてないですよ。

石平　アメリカの民主党と共和党を無理やり一つにしたようなものですものね。

山上　何で河野太郎や林芳正と、高市早苗や小林鷹之《たかゆき》が一緒の党でいられるのか、不思議です。

もっと日本国内で議論を！

石平　自民党も大きな変化が必要な時期に来たのかもしれませんね。

それにしても、外務省をやめてからの山上さんは活発な活動をされていますね。

山上　外務省をやめて、初めて言論の自由を手に入れたもので（笑）。
石平　私は日本に来て言論の自由を手に入れて、山上さんは外務省をやめて手に入れた（笑）。古巣の外務省から反応はありますか。
山上　名指しで批判された先輩は反発しているそうですが、実はもっと上の大先輩からは「よく言ってくれた」「一二〇％賛同する」と言われて、本当に励みになります。後輩からも「もっと頑張ってください」と言われます。
言えば通じる人がいる。こういう人たちがいるうちは、外務省もまだ捨てたもんじゃないかなと思っています。何とかこの機会に、外務省自身をガラガラポンして体質を変えていきたい。そのうち石平さんに中国大使をやってもらっては（笑）。
石平　いやいや（笑）。
山上　言論の自由はありますが、しかし日本の論壇は、ある意味で狭すぎるとも感じました。お互いによいしょをしているようで、辛口の批評がほとんどない。特に外交や安全保障の面では、左右対立はあっても、嚙み合った、「ここをこうしたらいいじゃないか」「いや、このほうがもっと良くなる」といった議論がありません。野球で言えば野村克也がやっていたような、サッカーで言えばセルジオ越後《えちご》がやっていたような解説や評論が必要ではないか。

日本の外交政策、安保保障政策をよりよく、より強くするためには、何より国内での議論によってレジリエンス（強靱性《きょうじんせい》）を大幅に向上させることが大切です。私はその手助けができればなと思って、いま言論の自由を行使して（笑）発言しています。

ついでにもう一つ言わせてもらえれば、外交に強い政治家、本当の意味でのプロの外交官を育てたいとも考えています。いまはあまりにも弱すぎて、人材がまだまだ不足しています。しかし、日本人の力量からしたらできないことはないのです。スポーツの分野では若者の活躍が目立ちます。野球の大谷翔平、ゴルフの松山英樹、サッカーの南野拓実《みなみのたくみ》……日本の若者が世界各地で頑張っているなかで、なぜ政治家と外交官はこんなに情けないのか。海外に留学させてもらっても丁々発止《ちょうちょうはっし》の議論もできない。どうにかして、日本の外交官のレベルを上げることに力を尽くしたい。

石平　個人的に山上さんに一つお願いしたいのは、我々は日本語で、日本国内に向けて主に発信していますが、それだけでは限界がある。やっぱり英語で世界中に向かって、我々の立場を発信しなければ、世界各国に伝わりません。

しかし、それができる人がいま保守のなかで極めて少ない。ぜひ山上さんには英語で世界発信をしていただきたい。

山上　日本が一番弱いところですね。私も力を尽くしていくつもりです。退官してから日本の笹川平和財団から誘われましたが、実はオーストラリアのシンクタンクである地域安全保障研究所（Institute for Regional Security）からも誘ってもらって役員になりました。たびたびオーストラリアへ行って日豪米、あるいは日豪比などの会議に出ますから、そこでガンガン英語で発信していきます。

また、駐豪大使時代からＳＮＳでの発信（Ｘ：@YamagamiShingo）をはじめ、いまも日々英語や日本語での日本事情やものの見方の発信に努めています。豪州、米国、英国など私がいままで在勤した国の人々とつながっている貴重なツールであり、今後も大事にしていきます。

私は帰国子女ではありません。外務省に入ってから実践英語を本格的に勉強したんです。ですから、普通の家庭環境で育った日本人が英語で苦労するのはよくわかる。しかしそんな私でも何とかやっていけているというのは、一つの励みになるのではないかとも思います。

石平　一方の私は、やはりこれからは中国語でも発信していきたいと考えています。中国国内に向けて、あるいは世界中にいる華僑《かきょう》に向けて、日本の立場、あるいは中国共産党とはどういう存在なのかを知らしめていきたいと考えています。

山上　それは素晴らしい！　まさに石平さんにしかできない仕事だと思います。

石平　ただ、中国語は半分忘れているから、ちょっと思い出すまでに時間がかかるかもしれませんが（笑）。

山上　お互いに置かれた場所で咲き狂いましょう！

あとがき

山上信吾

誠に楽しく、波長が合い、充実した対談だった。

石平さんとの出会いは十年近く前に遡《さかのぼ》る。

その頃、彼は拓殖大学で教鞭《きょうべん》をとっていたと記憶している。私の方は、外務省総合政策局審議官として政策企画・国際安全保障担当大使の任にあった。広範な守備範囲の中、歴史問題への対応、とりわけ歴史戦をどう戦うべきか、頭を悩ませていた。

そんなある日、石平氏と呉善花《オソンファ》氏をジュネーブの日本大使公邸料理人であった方が開いた四谷のフランス料理屋にお誘いしたのだ。

今だから言えるが、当時の外務省にあって幹部がこの二人と会うのは、常軌《じょうき》を逸《いつ》した話だった。なぜなら、中国四川省出身の石平氏も、韓国済州島《チエジユとう》出身の呉氏も、互いの出身国への歯に衣着《きぬき》せない批判をためらわない硬派のオピニオン・リーダーとして、その評判を確立していたからだ。東京の中国大使館、韓国大使館からは「極右」に近いレッテル貼りをされていた。

そうした風向きに敏感な外務官僚が彼らとの接触に二の足を踏むのは自然だった。だが、日本に歴史カードを振りかざす国の内情を知悉《ちしつ》している人から話を聞くべきと私が固執し、夕食懇談会の実施に至った。

お陰様でお二人とも快諾してくださり、結果は実り多かった。おそらく外務官僚との懇談に身構えていただろう両先生も、ワインが進むにつれて打ち解けられ、他の専門家からは到底聞けないような話をうかがえた。

そして、このような先生方が日本で国籍を取得して活躍されていることは、日本の論壇にとって大変意義深い貢献であるとの認識を深めた。

その後、日本最大の外交関係シンクタンクである国際問題研究所への出向中には、歴史・領土問題についての日本の見方を対外発信するプロジェクトの一環として、彼らの優れた著書を英訳して国際社会に問うことを追求した。幸い、呉先生の「侮日論《ぶにちろん》」などが取り上げられることになった。

そんな経緯があるため、石平さんと私の間の橋渡しを務めてくれた産経新聞の外務省担当キャップである原川貴郎《はらかわたかお》記者を通じて対談の話が持ち込まれた時には、即座に快諾した。

月刊『Hanada』の花田紀凱編集長の強力な後押しを得て実際に対談が実現し、既に月刊誌上にも記事が掲載され好評を博してきたのは欣快《きんかい》の至りだ。

出身地も育った環境も異なる石平さんと私。だが実は、いくつかの共通項があると受け止めている。まず生まれ年。一九六二年一月生まれの同氏に対し、一九六一年九月生まれの私。日本の学校なら同級生だ。どちらが若く見えるか、この際問わない(笑)。でも、石平さんの愛嬌《あいきょう》溢《あふ》れる表情はいつも心を和《なご》ませてくれる。

もうひとつは、天安門事件を契機に生まれ祖国である中国を離れ、ついには日本国籍を取得して評論活動を繰り広げてきた石平さん。一方の私は、生まれも育ちも生粋《きっすい》の日本人であり、外交の世界で吏道《りどう》を歩むことを志《こころざ》しながら、劣化の惨状に憤然《ふんぜん》として志半ばで外務省を去り、評論活動に勤《いそ》しむ身だ。

何を隠そう、信じてきたもの、心の拠《よ》り所《どころ》であったものをある時失い、人生再出発を誓った境遇を共有しているのだ。

だからだろうか、二人とも、現在の日本政府の対中弱腰外交に対して抑えがたい憤怒《ふんぬ》を共有している。

本書でも語られている石平さんの至言だが、「『日中友好』『歴史問題』は中国が日本という銀行からお金を引き出す時の暗証番号」「（道徳的高みを目指す外務官僚は）中国から見れば単なるアホ」などなど、誠に簡にして的を射た含蓄《がんちく》ある言葉に接することができた。

思い返せば、日本の学界、言論界はいまだに中国問題になるとタブーが多く、奥歯にものが挟まった発言をする人士に事欠かない。評論家江藤淳《えとうじゅん》が名著『閉された言語空間　占領軍の検閲《けんえつ》と戦後日本』において指摘した大東亜戦争敗戦後の占領軍によるウォー・ギルト・インフォメーション・プログラムの中に、「中国人、朝鮮人の批判は許さない」との一項があったのは、今日もなお日本社会に強い後遺症を残している。その下《もと》で強力な検閲が行われてきたせいもあるだろうし、占領終了後に多くのメディアにより拡大再生産されてきた面もあろう。

加えて、一九七二年の日中国交正常化後は、「日中友好」「戦略的互恵《ごけい》関係」などという中国側に都合の良いお経《きょう》に日本側が付き合わされている間に、思考停止が進んできたせいもあるだろう。

日本の中国専門家の間には正面切っての中国の体制・政策批判を躊躇《ちゅうちょ》する向きがまだまだ根強い。問題は外務省チャイナ・スクールだけに限られないのだ。危険回避、知的怯懦《きょうだ》の傾向は各所に看守される。

だからこそ、石平氏の切れ味鋭い論評は貴重である。中国共産党に睨《にら》まれることを屁《へ》とも思わない背骨（もう睨まれているからでもあるが……）があり、いくら中国批判を重ねようとも、「嫌中派」「人種差別主義者」というレッテル貼りを恐れる必要がないからだ。

対談を終えるに当たって石平さんに尋ねた質問がある。

というのも、『中国「戦狼《せんろう》外交」と闘う』（文春新書）、『日本外交の劣化　再生への道』（文藝春秋）の内容を熟知している米国人で国防省の有力者であった人物からこう注意喚起されていたからだ。

「シンゴ、今の日本で中国が一番消したい人間はお前だ」

物騒な発言だった。

「石平さんは身の危険を感じないのですか？」

こう尋ねた私に、石平さんはどこ吹く風でこう諭《さと》してくれた。

「有名になれば大丈夫ですよ。手出しできなくなりますから」

なんともスケールが大きいのだ。

飽《あ》くことなく正論を吐き続ける石平さん。常にインスピレーションと刺激を与えてくれる存在だ。精強な日本外交の展開を目指し、私としてもささやかながら言論活動を展開していきたい。

また、どこかで同級生同士で共同戦線を張れる機会を楽しみにしている。

末筆ながら、天衣無縫《てんいむほう》、縦横無尽な対談を名人芸でまとめてくれた川島龍太氏はじめ編集の任に当たった飛鳥新社の方々に深甚《しんじん》なる謝意を表したい。

山上 信吾（やまがみ・しんご）

1961年生まれ。東大法学部卒。84年4月、外務省入省。米国コロンビア大学国際関係論大学院留学。監察査察室長、北米2課長、条約課長などを経て、2007年8月から約2年間、茨城県警察本部警務部長。その後、在英大使館政務公使、日本国際問題研究所所長代行等を経て、外務省国際情報統括官や経済局長などを歴任。20年11月から23年5月まで駐オーストラリア大使。同年12月、退官。現在、TMI総合法律事務所特別顧問や笹川平和財団上席フェロー等を務めつつ、外交評論家として活動中。著書に、『南半球便り』『中国「戦狼外交」と闘う』『日本外交の劣化 再生への道』（いずれも文藝春秋）がある。

石 平（せき・へい）

1962年、中国生まれ。北京大学卒業後、88年、留学のために来日。神戸大学大学院文化学研究科博士課程修了後、民間研究機関に勤務。2007年、日本に帰化。現在は日中関係・中国問題を中心に評論活動を展開。14年、『なぜ中国から離れると日本はうまくいくのか』（PHP新書）で第23回山本七平賞を受賞。著書に『韓民族こそ歴史の加害者である』（小社刊）など多数。

超辛口《ちょうからくち》！「日中外交《にっちゅうがいこう》」

Hanada 新書 007

2024年12月31日　第 1 刷発行

著　　者　山上信吾・石平
発 行 者　花田紀凱
発 行 所　株式会社 飛鳥新社
〒101-0003
東京都千代田区一ツ橋2-4-3 光文恒産ビル 2F
電話　03-3263-7770（営業）　03-3263-5726（編集）
https://www.asukashinsha.co.jp
装　　幀　ヒサトグラフィックス
印刷・製本　中央精版印刷株式会社

ISBN 978-4-86801-056-2

編集担当　川島龍太